대한민국

제7공화국

길과 생명

바라기는, 전 세계적인 시대 전환기를 살면서, 그리고 인류의 역사에 다른 인종의 출현으로 이야기되는 베타세대, AI시대를 살면서, 우리 세대가 다음 세대의 다른 인류에게 그래도 지켜야 하는 가치와 그 가치 중심의 삶을 영위할 수 있도록 하는 사회국가 운영시스템 하나만큼은 남겨주고 싶다.

Contents
차례

소망의 글 ··· 6

여는 글 ·· 8

1장 | 현 제6공화국 진단: 선진국? ············· 11

2장 | 한국인의 정체성: 공동체성 ··············· 15

3장 | 정치체제의 변환: 양원정부통령제 ········ 21

4장 | 선거제도의 개혁: 중대선거구제 ·········· 35

5장 | 경제민주화 실현: 생산성 재화 보유국 ··· 41

6장 | 사회구성원의 변화: ························ 51
　　　다민족 사회 준비/노인 문제와 저출산

7장 | 한반도 통일: 경제공동체 통일론 ········· 61

맺는 글 ·· 67

헌 사 ··· 73

부록: 제7공화국 헌법 ··························· 75

소망의 글

　기도원에서 조국과 민족을 위해 기도하다가 87체제에 대한 한계를 깨닫고, 지난 10여년 여러 모양으로 개헌운동을 해 온 결정체이다.

　내용이 변해왔고, 앞으로도 수정되고 보완되어야 할 국가 운영 체제 제안서일 것이다. 국민의 동의를 구해야 하는 것이 먼저 되어야만 하는 논제이기도 하다.

　그래서 온 국민이 공감할 만한 내용이기를 바라고 기대하며 내어놓는다. 추천서도 넣고, 헌법학자들에게 검증도 받고 해야 하지만 그렇게 하지 못했다.

　현재는 많은 국민이 지지하는 방법이나 내용도 아니어서 마음이 무겁다. 그러나 오히려 목회자로서 원론적인 화두와 바람들을 보여드리고 싶다.

　바라기는, 전 세계적인 시대 전환기를 살면서, 그리고 인류의 역사에 다른 인종의 출현으로 이야기되는 베타세대, AI시대를 살면서, 우리 세대가 다음 세대의 다른 인류에게 그래도 지켜야 하는 가치와 그 가치 중심의 삶을 영위할 수 있도록 하는 사회국가 운영시스템 하나만큼은 남겨주고 싶다.

우리는 양자컴퓨터, 양자물리학, 양자역학의 시대에 산다. 잘은 모르지만, 개인적 이해는 오늘 나의 작은 몸짓이 저 광활하다는 표현도 너무 부족한 우주에까지 영향 한다는 개념이다.
마치 내가 믿는 하나님 나라 천국과 매우 닮아있다.

그래서 '제7공화국'은 우리들의 삶 가운데 실현되고 실증되어, 역사가 되어, 물려줄 사회국가 운영시스템이었으면 하는 소망이다.

미국 로스앤젤레스에서
김재율 목사

여는 글

기울어진 운동장과 양극화, 고착화된 사회

차범근, 이영표, 박지성, 손흥민 같은 대한민국 국가대표 출신일 뿐 아니라, 해외에서도 이름을 날린 성공한 축구선수들처럼 우리는 훈련을 한다. 그야말로 발톱에는 언제나 피멍이 든 피나는 노력으로, 발가락이 휘고 발목에 물렁뼈가 자라나 삐져나오는 상황에서도 계속해온 개인 훈련과 수년간 호흡을 맞춘 연습과 팀워크로 다져져서 축구 경기를 한다.

드디어 죽을힘을 다해 골문을 향하여 강슛을 날린다. 우리가 보기엔 틀림없는 골이다. 우리는 한군데 뭉쳐 골 세레머니를 한다.

심판의 긴 호각 소리가 들린다.

관중도 환호한다. 그런데, 전광판 스코어에는 상대 팀에 골이 추가된다.

표현도 섬뜩한 자살골이다.

상대방 골문을 향해 구르던 공은 끝내 선을 넘지 못하고, 우리가 골 세레머니를 하는 동안 우리 쪽 골대로 굴러와 흘러 들어간다.

기울어진 운동장에서의 축구 경기의 모습이다.

이것이 대한민국의 현 정치 지형을 진단하는 이야기라면? 동의하기 어려울지도 모른다. 그러나 대한민국은 이미 고착화된 사회로 미국 다음이라고 한다. 그 고착화가 극심한 양극화의 모습이다. 그 양극화마저 경제적, 권력적, 사회적, 문화적일 뿐 아니라 인구 구성적, 그리고 지형적으로도 동서로 기울어진 운동장에서의 극단적 싸움이다.

과연, 극우가 왜곡시켜 외치는 특수의 자유도 아닌, 특권이 난무하는 사회인데, 만백성이 주인인 민주사회가 맞으며, 3만 불 시대가 넘어서서 선진국이라는데 과연, 대한민국은 진정한 선진국이 맞는가?

온 국민이 바라는 지속 가능한 발전과 성장의 선진국은 불가능한가?

다이나믹 코리아로 불리는 살아 숨 쉬는 역동적 사회, 다양성, 형평성, 포괄성을 품은 사회, 공존과 상생의 가치가 충만한 사회, 진정한 3권분립의 견제와 균형으로 책임정치가 구현되는 법치국가, 경제정의가 언제나 작동하는 경제 민주화된, 진정한 복지 민주화의 선진국 사회는 대한민국에 실현 불가능한 것인가?

대한민국
제7공화국

CHAPTER
01

현 6공화국 진단

제1장 | 현 6공화국 진단

선진국?

어떤 저자의 말처럼 '어쩌다 선진국'된 대한민국은 물질적 풍요, 돈만으로의 규정일 뿐일 것이다. 국민 평균 3만 불 소득조차도, 경제적 양극화 속에서뿐만 아니라, 사회 전반이 극단적으로 양극화된 우리 사회에 적용 가능한 선진국 호칭일 수가 없다.

'성인 문맹률 1위 국가' 즉, 읽고 쓸 수 있고, 고등교육을 의무교육으로 하고, 대학 진학률과 대학 졸업률이 매우 높은 국가임에도 객관성의 결여로 이해력이 없는 사람들의 사회, 그 1위의 국가가 대한민국이라는 OECD의 평가다.

더구나 원래 상업적으로 광고효과의 극대화를 위해 시작된 알고리즘에 의한 정보의 동질화에 의한 정신질환으로 보아야 하는 '확증편향증'의 급속한 확대도 심각하다. 이에 정치적 진영논리의 이념화에 더해진, 원죄적 남북분단으로 인한 좌우 진영의 이념의 극단화, 이에 부화뇌동하는 종교 세력의 결합은 나라의 분열을 더욱 가속화시키고 있다.

이런 정치적 양극화에 따른 불안 속에서 두드러진 경제적 양극화와 그 폐해는 더욱 중산층과 저소득층에 고통을 더하고 있으며, 아직 경제적 안정성을 확보하지 못한 젊은 세대에게는 치명적으로 '희망 없는 사회', 고착화된 사회로의 인식을 가속화시킨다.

이에 세대 간의 갈등과 계층 간의 대립이 노골화 되어 간다. 그래서 드디어 패권 정부, 패륜 정부, 폭군 대통령제의 산물로 친위 쿠데타로 불리는 비상계엄이 현역 대통령에 의해 선포되었던 나라이다. 헌법을 위반하는 대통령과 그 지지 정당, 언론의 자유와 민주 억압의 특정 세력을 가진, 법치를 부인하는 파쇼의 나라가 되어버린 것이다.

이로 인해 국민의 정서적, 경제적, 삶의 후진성이 주는 타격은 이루 말로 표현 불가능할 정도이다. 한때 선진국이었다가 후진국으로 전락한 '아르헨티나처럼 되고 말 것인가?'라는 우려도 점점 더 그 염려의 임계점에 이르고 있다.

설마….

아니다. 우리 대한민국은, 우리 한민족은 그럴 수 없는 민족이다.

대한민국
제7공화국

CHAPTER 02

한국인의 정체성

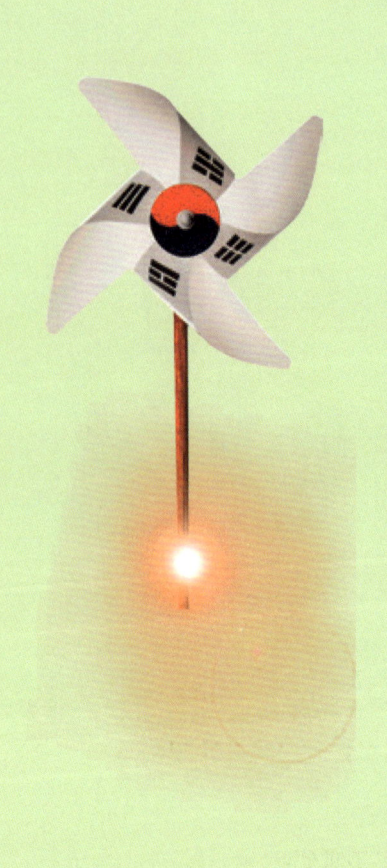

제2장 | 한국인의 정체성

공동체성

　우리 대한민국을 구성하고 있는 한민족의 정체성은 '공동체성'이다. 가정에서는 효, 국가에서는 충, 지역에서는 두레, 계, 품앗이로 나타난 오천년, 반만년 역사의 민족의 얼이다.
　근대화 이후 최대의 위기라 했던 IMF 시대에 '금 모으기'로 나타난 그 민족성이다.

　이 '공동체성'이야 말로 '동방의 등불'로 불리게 된 계기가 된 3·1독립운동의 정신이며, 그 전에 동학혁명의 혼이며, 4·19혁명에 드러난 민주화의 열망이며, 대동 세상을 연 5.18민주화 운동의 가치였다.

　이 우리의 정체성인 '공동체성'은 남을 나보다 조금 더 생각해주는 겸손한 한민족의 민족성이며, 더불어 함께 잘 살고자 하는, 세계적 미래학자가 말한 '인류 희망의 불꽃' 한민족, 선진 민주 국민의 마음가짐인 것이다.

　또한 이 '공동체성'은 배려의 사랑이 있는 예이며, 질서의 가치를 존중하는 법치 사회의 절도여서 상호공존 사회의 아름다운 선진 복지국가의 푸른 그림이기도 하다.

단연코, 우리의 정체성이 된 이 '공동체성'은 불과 몇 년 전 세계도 감탄한 수백만, 수천만이 모여 밝힌 '촛불혁명'의 상징이었다. 하지만, 20년 민주 정부의 꿈을 꾼지, 단 5년 만에 정권이 바뀌고, 다시 비상계엄과 대통령 탄핵의 시국이다. 다시 응원봉 광장으로 대변되는 빛의 혁명을 요구하는 때이다.

왜? 이렇게 소모적으로 반복되는가?
이 '공동체성'으로 새로운 나라를 만들어 내는 것은 불가능한가?
아니다.
다만, 한세대를 15년으로 삼아 MZ세대, 알파세대를 지나 이제 베타세대를 시작한 시대에, 거의 40년, 성경적 한 세대를 이어온 87체제의 한계를 드러내고 있는 시기인 것이다. 그 제6공화국의 5년 임기 단임의 제왕적, 아니 패왕적 대통령제의 극단적 종말의 증상인 것이다.
마땅히 종식시켜야 한다.

어떤 이는 체제 문제가 아니라 사람이 문제라 한다. 그렇지 않다. 미국 윤리학의 아버지, 라인홀드 니버는 '도덕적 인간과 비도덕적 사회'라는 책에서 우리 인간군상의 근본을 꿰뚫어, 도덕적 인간으로의 존재와 삶을 위하여 도덕적 제도가 중요함을 역설한다. 만인 앞에 평등한 도덕적 법치국가가 그 모델인 것이다.

법을 지키며 더불어 살라는 3권분립의 민주국가에서의 사법부가, 그 일원인 검찰이 일제 시대적 권력과 법 기술을 쓰는 이런 유전무죄, 유권무죄의 법치의 불공정을 넘은 부패와 타락을 더 이상 용납해서는 안 되는 것이다.

개혁해야 한다.

개혁해서 우리는, 한민족의 얼이며 정체성인 '공동체성'을 기반으로 한 새로운 사회국가 운영시스템을 만들어, 전 세계에 수출까지 하는 선진 복지국가를 위한 정치를 이루어 새로운 나라를 만들어야만 한다.

온 민족에 '공동체성'이 두드러지면 우리 민족은 통일국가를 이루게 될 것이다. 그리고 통일 한국이 되면, 세계를 영도하는 나라가 될 것이다. (맺는말 참고)

그렇다면 공동체성이 바탕을 이룬, 새로운 사회국가를 다스리는 정치제도는 무엇이어야 하는가?

대한민국

제7공화국

CHAPTER 03

정치체제의 변환

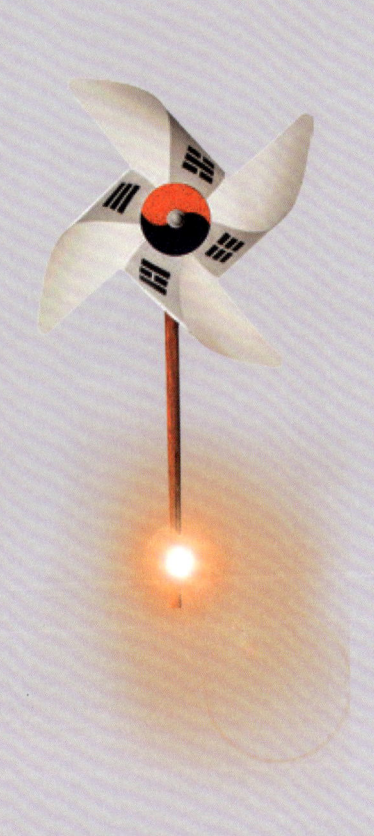

국가 조직도

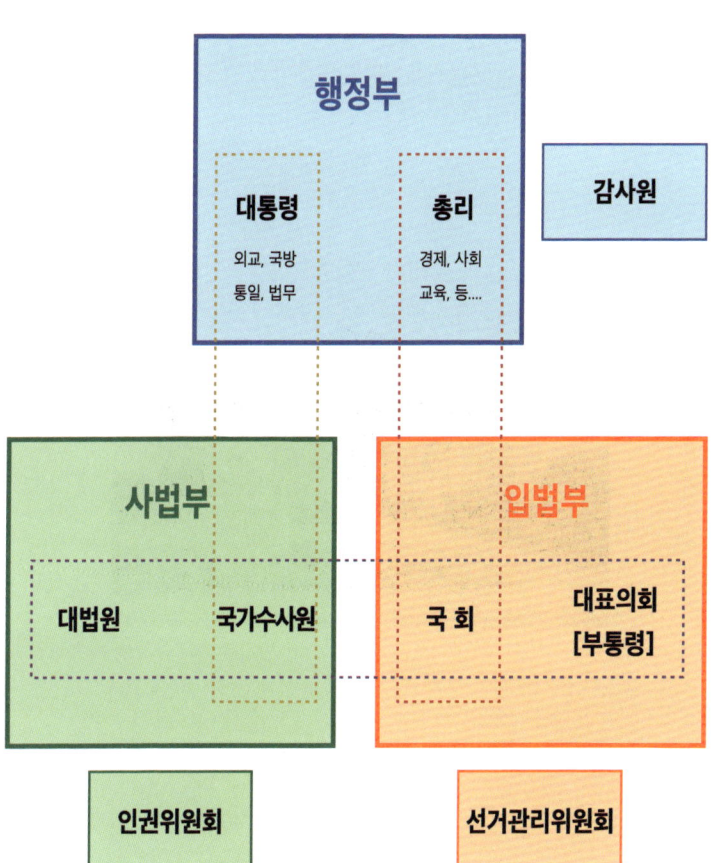

대한민국 **제7공화국**

제3장 | 정치체제의 변환

양원정부통령제
(견제와 균형/책임정치/상생경쟁과 공존 체제)

다양성의 사회에서 상호공존이 가능한 정치제도 그것은 바로 '양원정부통령제'일 것이다. 이는 이원집정제와 그 궤를 같이 하는 것 같으나 다르다. 오히려 온전한 3권분립을 가능케 하고도 상호 협력으로 시너지효과를 내는 새로운 정치체제라고 믿는다.

현재 우리 국민은 대통령 4년 중임제를 선호한다고 한다. 재선을 위하여 국민 눈치를 볼 것이라는 기대인데, 권력은 그렇지 않다. 견제와 균형 없는 권력은 패권이다. 5년도 긴데 8년은 너무 길다.

어떤 이는 내각제를 선호한다고도 한다. 그러나 내각제는 일본처럼 보수화되고 장기 집권으로 가서 잃어버린 30년이 된다.

양원정부통령제가 답이다.

1. 패왕적 대통령제의 종말을 고해야 하는 이유

대통령제가 아닌 패왕적 대통령제라 불리는 현 정치체제를 끝내야 하는 이유를 언급하면 끝이 없겠지만, 먼저, 고기를 굽는데 이미 엉망으로 타버린 불판으로 비유되는 현 정치체제라는 진단이다. 아무리 새고기 얹어봐야 먹을 수 없는 고기가 된다. 역대 대통령들의 말로가 그렇다. 촛불혁명으로 집권하였으나 정권 재창출에 실패, 스스로 고향에서 칩거하시는 한 분을 포함하여 모두 다 좋은 평가가 없다.

둘째는 작용과 반작용 원리를 이해하고 이제 합을 도출해야 하는 시기라는 것이다.

촛불혁명으로 대대적 사회의 변화를 기대했지만, 양극화 속에서 적폐 기득권의 힘은 너무나 막강한 것이었다. 그리고 결코 개헌이 가능한 200석 이상의 의석수를 국민에게 허락받지 못했다. 이는 현 적대적 공생 관계의 양당제의 정치적 양극화의 영향이다. 이는 경제적 양극화를 포함, 전 사회적 양극화의 온상이 되었다. 또한 지역적, 세대적 패권정치가 가능하게 했다.

이번 비상계엄 탄핵의 기회만큼은 꼭 살려서 정치제도의 개혁을 반드시 이루어야 한다. 왜냐면 또다시 집권하더라도 작용과 반작용의 원리가 작동할 것이기 때문이다.

2. 양원정부통령제

양원정부통령제란? 입법부인 의회도 국회와 대표의회(대회)로 하고, 행정부도 글로벌 시대에 맞게 외치를 맡는 대통령 4년 중임제와 내치를 맡는 책임총리제로 하며, 사법부도 대법원과 국가수사원으로 양원화하여, 온전한 3권분립뿐 아니라, 모든 국가 권력의 견제와 균형, 그리고 서로 서로의 협력과 지원이 이루어져 참된 선진민주(복지)국가 건설과 최상의 국가 경영의 결과를 도출해 내는 실사구시적 정치체제를 말한다.

입법부: 국회와 대표의회(대회)

1) 국회

(1) 국회는 250명 중대선거구 지역 국회의원으로 구성한다.
(2) 국회의장은 현 국회법에서처럼 다수당에서 맡는다.
(3) 국회의원선거 결과에 따라 과반 이상인 당이 내각 구성권과 내치를 맡는다.
(4) 과반이 되지 않을 때는 둘 이상의 정당이 연합하여 그 권한을 가지며, 연합하여 갖게 되는 내각 임면 권한은 최소한 2년간을 보장한다.
(5) 국회는 내치를 맡는 총리임면권과 총리 추천의 14개 부처 장관 임면권을 가진다.

2) 대회

(1) 대회는 대표의원 50명으로 구성한다.

(2) 각 정당이 가능하면 직능별 전문인으로 공천하고, 비례등가지역균등의 수로 정한 광역별 비례제로 대표의원을 선출한다.

(3) 대회는 국회의 입법 들을 심의하는 기관이 된다. 자치 주민발의안도 광역자치의회를 거쳐 대회에서 심의한다.

(4) 대회 의장은 대통령의 런닝메이트인 부통령이 맡는다.

(5) 외치에 필요한 대통령 직속의 외교, 국방, 통일, 법무부 장관 임면권을 갖는다.

3) 국회와 대회는 상호 교차 과반 의결의 내각 인준권과 입법심의권을 갖는다.

행정부: 대통령과 총리

1) 대통령

(1) 대통령은 외국에 국가를 대표하며, 국가경영의 외치를 맡으며, 사법권의 독립을 도모한다.

(2) 대통령은 외치와 3권분립을 위해 4부처(외교, 국방, 통일, 법무) 장관 임면권을 갖는다.

⑶ 대통령은 국익을 위해 제1 외교관이며, 제1 세계 세일즈맨으로 4년 중임이 가능하다.
⑷ 대통령은 국민이 직접선거로 선출하며, 그 선출 시 런닝메이트로 부통령을 지명하여 함께 대표성을 갖는다. 부통령은 대통령 유고 시 그 직무대행과 대표의회의 의장이 된다.
⑸ 대통령은 대표의회의 운영을 부통령과 함께 책임진다.
⑹ 대통령은 국회와 대회, 양 입법부에서 결의된 법안의 거부권은 없다. 즉시 공포권을 가진다.

2) 총리

⑴ 총리는 국가의 내치를 맡는다.
⑵ 총리는 정당공천으로 국회에서 과반 이상의 동의를 얻어 당선, 대통령이 그 임명장을 수여한다.
⑶ 총리는 국회의원의 임기와 같이 4년으로 중임이 가능하다. 책임총리로서 그 임기가 단축될 수 있다.
⑷ 총리는 내치에 필요한 현 14개 부처 장관의 추천권을 갖는다.
⑸ 총리는 내각의 구성과 국가 운영 정책 등 모든 국가 행정에 책임을 진다.
⑹ 총리는 국가균형발전과 법치민주선진국가 확립의 행정적 책임을 가지며, 필요시 행정 부처 조각권을 갖는다. 이 조각권은 의회의 과반 동의를 구해야 한다.

(7) 총리는 광역자치의회와 대회의 심의를 마친 주민 발의안의 공포권을 가진다.

3) 대통령과 총리는 국회와 대회에서 상호 2/3 찬성으로 교차 탄핵할 수 있다. 최종 헌법재판소에서 파면 여부를 판단한다. 탄핵의 경우 그 권한은 대행 체제로 하고, 보선은 그 비용과 국가 혼란예방을 위해 국가적 선출 시기에 맞추어 진행한다.

사법부: 대법원과 국가수사원

1) 대법원
  (1) 사법부의 최고위 기구로 대법원을 둔다. (헌법재판소는 독립적 기관이다.)
  (2) 대법원장은 국회의장과 대통령의 합의 추천으로 국회와 대회에서 선출한다.
  (3) 대법원장은 사법권 독립의 책임자가 되며, 법치국가 확립의 책임을 진다.
  (4) 대법원장은 4년 중임할 수 있다.
  (5) 대법관은 헌법재판관과 같이 대통령, 대표의회, 대법원장 추천권으로 의회 의결 후 대통령이 임면한다.
  (6) 대법원은 기소권과 공소권 유지의 검찰과 협력한다.

(7) **검찰청**은 국가검찰청과 지방검찰청으로 구성하고, 법무부 장관의 지휘를 받으며, 필요시 한 사건에 두 기관의 검찰기소권이 가능하게 하여 그 권한이 상호 견제가 가능하게 한다.

(8) **판사**는 사법고시를 통과하고, 계속하여 법률관계의 일을 10년 이상 행한 40세 이상으로, 관련 전문법률에 관한 실력평가와 판사권 심의, 그리고 판사연수원을 거친 자로 대법원장이 임명하고, 법률이 정한, 행정부와 입법부의 탄핵권을 따른다.

2) 국가수사원

(1) 국가수사원은 범죄 수사를 전담하고 법치의 최일선을 맞는다.

(2) 국가수사원장은 총리와 대통령의 합의 추천으로 국회와 대회에서 선출한다.

(3) 국가수사원장은 4년 중임할 수 있다.

(4) 국가수사원장은 수사권의 경찰과 협력한다.

(5) **경찰청**은 국가경찰청과 지방경찰청으로 구성하여 법무부 장관의 지휘를 받으며, 경호 경비 등 안전에 관한 사항에는 행안부 장관의 지휘를 받아 행하고, 필요시 한 사건에 두 경찰청의 조사권이 가능하게 하여 그 권한이 상호 견제가 가능하게 한다.

3) 검찰총장과 경찰총장은 임기 2년으로 중임 할 수 있고, 국민이 직선하며, 국회와 대표의회가 2/3 찬성으로 탄핵 할 수 있다. 탄핵 절차에는 국무총리의 동의가 필요하다.

4) 사법부의 독립을 위해 추천과 선출 그리고 탄핵을 입법부 행정부 각각이 행할 수 있도록 하여 대의정치, 공화정이 원활하게 한다.

- 입법부의 공정성을 위해 '선거관리위원회'가 있다.
- 행정부의 공정성을 위해 '감사원'이 있다.
- 사법부의 공정성을 위해 '인권위원회'가 있다.

이상의 온전한 3권분립의 선진민주국가를 위한 정치제도인 '양원정부통령제'의 지향점을 한 번 더 요약해보면,

첫째는 **책임정치의 구현**이다. 이는 곧 민주법치국가의 정체성이며, 사회변화의 역동성을 정치가 확보해 나가는 선진민주국가를 지향하는 것이다.

둘째는 상생과 공존을 위한 견제와 균형의 정치를 펼치자는 것이다. 이는 현 지역적 패권정치의 종식을 의미하는 것이며, 국론 분열을 막고, 복지민주사회를 이루자는 것이다.

셋째는 **전 국토의 균형발전**을 이루자는 것이다. 이는 동서, 수도권과 지방 등 지역적 사회 양극화 해소가 가능한 나라, 평등의 가치사회를 가능하게 하자는 것이다.

넷째는 글로벌 시대에 맞는 **지속 가능한 경제성장과 국가 경영 체제 확립**이다. 제1 외교관이요, 제1 세일즈맨으로의 대통령을 두자는 것이다. 그것도 중임이 가능하여 국내외적 리더쉽의 안정성도 확보하자는 것이다.

다섯째는 남한뿐 아니라 **남북통일을 예비하는 정치체제의 기초**를 놓차는 것이다. 이는 곧 '경제공동체 통일론'의 기초 정치체제를 의미한다.

여섯째는 **온전한 3권분립의 상호 협력과 견제**라는 관계적 역동성으로 인해 명실상부한 선진민주국가, 미래사회학자들이 외치는 자본주의의 최상의 국가, 곧 '사회복지국가'를 롤모델적으로 확립하여 전 세계에 보여주자는 국가적, 민족적 꿈인 것이다.

일곱째는 **한 지역에서 진보와 보수의 상생 경쟁으로 국민을 섬김**으로 진보와 보수가 서로 배우고 교육하는, 세계가 따르고자 하는 국가대표 격, 국제적 리더를 지역에서부터 길러내자는 것이다.

한 사회와 국가는 진보와 보수의 상생 경쟁으로 발전한다고 했다. 따라서 지금의 지역적, 연령적 진보와 보수, 그리고 적대적 공생으로의 진영논리 기반의 극한대립과 대치로는 결코 미래를 위한 보고 배우는 선진교육이 삶에서 이루어지는 나라를 꿈꿀 수 없다.

이런 세계적 리더 국가를 이루는데 필요한 세계적 리더는 어떻게 길러낼 수 있을까?

그 첫걸음은 바로 정치사회 구성 체제에 맞는 그 체제를 가능케 하는 선거제도일 것이다.

대한민국
제7공화국

CHAPTER 04

선거제도의 개혁

제4장 | 선거제도의 개혁

중대선거구제(국회의원과 대표의원선거)

1. 중대선거구제

위의 명실상부한 3권분립의 책임정치, '양원정부통령제'의 실현을 위해서는 국민을 대표하는 의원을 뽑는, 공화국으로서 국민의 대표를 국민이 직접 뽑아 입법부를 구성하는 국회의원과 대표의원 선거만큼은 다당제가 가능한 중대선거구제 도입이 절대적이다.

인구비례에 따른 선거구 재설정을 통해 한 지역구에서 2-4명의 국회의원을 뽑도록 하고, 1정당 1인 후보 추천을 원칙으로 하며, 당선 후 정당을 바꾸거나 무소속 당선인이 특정 정당에 입당을 하게 되면, 자동으로 의원직을 잃게 하고, 그다음 차점자가 승계하도록 한다. 선거 위법 판결로 그 직을 잃었을 때도 마찬가지로 보선은 차점자 승계원칙으로 한다.

이렇게 하면, 다당제의 나라가 되어, 정치 이념적 스팩트럼이 넓어지고, 합종연횡이 정치세력 간에 일어나고, 이를 통해 서로가 배우게 되는 실제적 교육이 일어나서 극우적 극단을 피하게 되고, 여야간의 극단적 대치도 종식될 것이다.

무엇보다도 가치가 높은 것은, 국민의 선택의 폭이 넓어져서 민의가 잘 투여된 권력이 아닌 마음들이 함께 모일 수 있다.

알다시피, 지난 미국 대선을 통해서 밝혀진바 있는 오래된 국민 선택의 의문점, '왜 가난한 사람들이 부자를 위한 정당을 지지하는가?'라는 의문에 답이 나왔다.

그것은 교육이다. 미국에서 대학 교육은 곧 경제력이요, 수명이라고 한다. 교육을 받은 자가 대학을 나오지 않는 사람의 두 세배의 부와 평균 11년을 더 산다는 통계이다.

무엇을 말하는가?

배움이 짧은 사람은 깊은 사고 없이 피상적 정보에 의한 선택을 하게 되는데, 오직 두드러진 현상에 큰 영향을 받는다는 것이다. 가치적 기준과 판단력이 부족하니 많이 노출되거나 떠들썩하여 익숙해진 사람에게 투표를 하게 된다는 결과이다. 노이즈마켓팅 전략이 정치 세계에 작동했던 원리와 원인이 밝혀졌는데 바로 교육 때문인 것이다.

다른 말로는 대학 교육을 받지 못한 이들의 교육의 현장이 바로 언론, 미디어가 된다는 뜻이다. 레가시 미디어 뿐 아니라, 유튜브 등 쇼샬 미디어도 영향하는데, 여기에 광고효과의 극대화를 위해 최초의 인공지능(AI)의 산물인 '알고리즘'의 영향으로 더욱 편협적 정보를 편식하도록 공급받아 이에 따른 선택을 하고, 그 주권을 행사한다.

그리고 그 선택의 영향으로 후회하지만, 각성을 불가능하게 하는 전략에 의해 또다시 그런 피상적인, 혹은 세뇌되거나 현혹된 선택을 감정적으로 반복하게 되어, 자신에게 유리한지? 불리한지? 자신이 바라는 사회에 대한 그림에 부합한 것인지에 대한 결론을 얻지 못하고 투표하게 되어, 가난한 사람들이 부자를 위한 정당을 지지하는 역선택, 역 현상이 나타나서 사회가 점점 가진 자들과 지배층의 논리대로 작동하게 된다.

여기에 **언론개혁**을 통한 언론 지형의 균형도 선진복지 국가를 위해서 절대적인 요소인 것이 드러난다.

한국의 보수층에게 영원히 추앙받을 인물은 이명박 전 대통령이라 한다. 그 이유는 바로 보수 레거시 언론에 종편을 허락했기 때문이란다. 오랜 페이퍼 언론의 전통에, 그 컨텐츠와 자본으로 공중파와 SNS 네트워크와 시스템까지 갖추었으니 맘만 먹으면 언론계도 패권하는 것이다. 국민의 정신세계를 지배하게 된다.

빠른 시일내로 법을 만들어 가짜뉴스, 음모론 등에 중징계를 내려, 진실성을 회복하는 일이 급선무이고, 알고리즘에도 정도 조절법이 필요하고, 개인적 사회관계망 SNS에도 공적 국가 기관의 필터링이 언론의 자유 만큼 절대적으로 필요한 시점이다. 미국은 대학진학에 도입이 되어, 사회 건전성과 안전망을 확보해 나가고 있다. 정신적인 사회관계지수, 즉 사회성을 증대시키는 교육이 시급하게 요청되고 있다.

LA에는 겨울비가 거의 유일하다. 지금 3월 중순에 비가 내린다. 정말 반가운 봄비다. 그러나 이 비가 한 달만 일찍 내렸어도 하는 아쉬움이 감사의 마음을 도둑질해 간다. 왜냐면 인력으로는 어쩔 수 없는 지구온난화에 의한 강한 바람과 불길이었던 LA 산불의 피해가 너무나 크기 때문이다.

역사에는 때의 중요성이 매우 중요하게 묻어난다.

2. 선거의 시기

정치제도의 개혁에서는 선거제도와 함께 선거 시기도 중요하다. 선거일을 지자체장 및 지방의회 선출을 같이하고, 2년 후 국회의원과 대표의원 및 대통령 선출을 행하여, 2년 간격으로 정치권력에 중간평가 기능을 가질 수 있도록 한다.

이는 책임정치를 구현하고, 정기적 선거, 함께하는 선거로 인하여 선거비용 절감과 사회 안정성을 확립하게 된다.

특히, 검찰청장과 경찰청장은 2년에 한 번씩 그 직의 권한과 책임을 국민에게 물어야 한다. 그래야면 패권하지 않고, 국민을 두려워하는 사법부 종사자들이 되며, 법치국가, 온전한 3권분립의 선진민주국가가 실현될 것이다.

대한민국

제7공화국

CHAPTER 05

경제민주화 실현

제5장 | 경제민주화 실현

생산성 재화 보유국

1. 현 경제의 진단

　현 한국경제의 진단으로는 지나친 대기업 중심, 수출 중심의 소득경제, 그리고 지나친 양극화와 지나친 해외의존성이 갖는 경제 불안, 그리고 이에 따르는 투자심리의 위축 등이 낳은 불황이 길어지고 있다. 즉, 경제활동의 비활성화 문제와 정치의 극한대립으로 인한 사회불안과 정치 실종의 영향으로 성장둔화를 넘어 경제 동맥 경화가 일어난 한국경제이다.

1) 소비성 자영업의 집중
　국내 경제는 즉, 내수경기는 자영업자들의 고사가 그 특징인데, 이것은 경제 양극화와 대기업 골목상권의 잠식, 그리고 유명 프랜차이즈 등, 대자본 혹은 명품 브랜드 선호성도 그 영향이 크겠지만, 보다 큰 깨우침은 지나친 경쟁을 부추기는 한 지역에서의 품목 쏠림현상이나, 전체적으로 지나치게 소비성 중심의 자영업이라는 문제점도 크다 하겠다.

　따로 언급하겠지만, 생산성 자영업의 정부지원과 적정한

가격의 소비 장려 등, 내수경기 진작을 위한 경제공동체적 협력의 마음들이 절박하게 필요하다.

2) 대기업의 독식

그동안의 대기업 중심의 국제경쟁력을 살리는 경제운용이 절대적으로 잘못됐다는 것은 아니지만, 국내 중소형 기업이나 생산성 자영업의 희생이 너무나 컸다는 진단도 사실이다.

원인은 대기업 총수들의 정경유착과 독과점 형태의 경제적 갑질, 그리고 내국인 소비자에 대한 폭리 등도 있지만, 이런 대기업의 이익에 대한 세금을 통한 분배와 독과점 방지법과 그 실행의 절대적 강력함의 부족함이 정치권과 해당 공무원들에 드러난 점도 사실이다.

실례로 삼성의 해외 순이익이 우리나라의 분기별 무역수지 흑자의 거의 전부를 차지했었던 때, 오직 400여 명 삼성 임직원들의 수익에 멈추었다는 사실이었다. 수출로 벌어들인 외화가 세금과 분배를 통해 국내에 흐르지 않으면, 이것을 국가의 부라 이야기 할 수 있겠는가? 이렇게 계산된 국민 평균 소득 3만 불이 선진국의 기준으로 타당하겠나?

건강한 사회는 중산층이 많은 사회이듯, 정부의 국제적 경쟁력과 품질면에서 내국인의 만족도도 갖춘 제품들을 만드는 중소기업의 육성과 지원이 절실하다.

3) 지나친 해외 의존도

한국경제는 무역수지 흑자 혹은 적자로 말해지는 것은 우리 경제가 지나친 해외의존성을 가지고 있다는 반증이다.

오래전에 일본과 미국 중심의 태평양경제시대가 지고, 대륙경제시대를 열어야 함을 경제계와 해외 시장이 요청했지만, 정치 외교에서 이를 뒷받침해 주지 못했다.

이제 정치권은 내수경기 진작을 위한 자체 생산과 소비시장의 확장을 위하여 법과 제도의 마련과 개혁, 그리고 지원이 크게 필요하다.

4) 부동산 투기 경제관

우리 경제에 있어서는 국가의 운영과 그 정권의 생명력을 좌우하는 지나친 부 축적의 수단이 된, 부동산 경기에 대한 올바른 판단과 개혁에, 국민적 논의와 공감이 필요한 시점이다.

국내 부동산에 있어서 특히, 소수의 토지지배권에 대한 문제와 이와 결부된 개발과 건축, 그리고 주택에 관한 개념의 전이가 절대적으로 필요하다. 주택은 기거하는 공간이지 부 축적의 대상이거나 투기의 대상이 아니다. 그런데 우리는 주택을 투기의 대상으로 보고 달려온 것이 사실이다.

주택문제를 은근히 저출산에만 기대는 것 같은 분위기인데, 안된다.

적극적인 주택문제의 해결이 시급하며, 전세와 월세의 적정한 비율과 그 값의 조절, 그리고 정부 지원 등의 정부 기획 예산과 시장개입, 그리고 '주거 공간으로의 주택'이라는 개념의 전이 교육이 별도로 필요한 시점이다.

2. 미래먹거리와 내수경기의 안정화

지속 가능한 성장경제를 위해서는 미래먹거리에 대한 선택과 선제적 투자가 절실한 시기이고, 대륙경제론으로 시장의 확대도 필요하고, 외세 경기의 영향을 줄이는 방법으로 국내 생산성 재화의 축척이 절실히 요구된다.

1) AI 기반 사업에의 관심과 투자 필요성

인터넷, 혹은 가상 세계 넷망을 이용한 '유통경제'의 그 경제성이 생산 실물경제의 경제성을 넘어섰다는 경제계의 평가도 있고 보면, 가상 세계의 유통과 실물경제, 어느 한쪽만을 중요하다 할 수 없는 시대인 것만은 확실하다.

때문에, 생산성 재화 확보라는 주장에 더하여 현, AI 인공지능 시대의 사물인터넷에 대한 연구와 제품들, 그리고 모든 영역에 AI 기반 상품과 제품의 개발을 위한 투자와 지원이 절실한 우리 경제라는 생각이다.

2) 경제의 탈이념화와 시장의 확대

시장의 확대는 곧 제품의 제작과 이윤 창출에 절대적인 요소이고 보면, 정치권의 지나친 이념화는 우리의 시장을 협소하게 하는 요인이 된다. 경제문제에서 만큼이라도 탈이념화가 필요하다.

바로 '북방경제론' 더 나아가 '대륙경제론'이 필요하다. 북한과의 관계 개선을 통하여, 중국 시장과 러시아 시장, 인도 시장을 넘어 EU를 시장화하는 전략이 필요하다. 철도 실크로드 복원이 절실히 필요하다.

3) 생산성 재화의 증대

미국은 트럼프 2기를 맞이했다. 그의 경제관에 절대 동의할 수 없지만, 한가지는 따라가야 한다. 그것은 국내 생산성 증대 전략이다. 이것이 한 국가 경제의 안전성, 지속 가능한 성장경제의 절대적 기반이다.

대한민국, 한반도의 땅과 바다에서 나올 수 있는 생산성 재화들을 발견하거나 개발하는 것이 시급히 필요하다. 먼저, 실제 삶에 필요한 의식주에 관심하여, 인간 실제 먹거리인 농업과 어업, 그리고 우리가 장점이 있는 건축에서부터의 출발이 바람직하다.

농업에서는 과일, 화훼업과 스마트팜 컨테이너의 수출이 좋을 것이다.

낙농 가공제품들의 국제 경쟁력은 매우 높다. 해외 시장을 개척하면 된다.

가볍고 견고하며 냉난방 효과가 뛰어난 샌드위치 페널로 만든 맞춤형 1만불 수출 주택도 좋다. 일론 머스크도 하는 일이다.

3면이 바다인 한반도의 어류 제품의 가공과 세계 제품화, 그리고 K푸드로 대변되는 요리제품과 레시피 수출도 좋다.

K컬쳐로 대변되는 음악, 드라마, 영화, K미용의 해외 진출은 이미 증명된 우리나라의 재화이다.

그리고 K패션을 활용한 의류업은 더욱 각광 받게 될 것이다.

그리고 이 모두를 위한 마케팅 전문인 육성과 해외 유통망 구축과 시장개척 등으로 이를 뒷받침하면, 우리는 진정한 경제 대국, 선진국이 될 것이다.

이렇게 얼마나 많은 우리나라의 생산성 재화이며, 먹거리들인가?

가장 한국적인 것이 가장 세계적인 것이 된 오늘의 대한민국이다.

가공업도 생산업이다. 경쟁 가능한 품목들을 추려서 집중 육성시키는 경제활동이 국가 차원에서 절대적으로 필요하다.

국내에서 많이 소비되는 외국 제품들도 살펴서 그 기업들의 현지 투자, 즉 대한민국에, 우리 땅에 생산설비 투자를 요구하고 유치를 해 내어 노동생산력도 높여야 한다.

아울러, 외국의 재화나 비지니스도 살펴서 유망한 것들을 수입하여 우리의 것으로 만들어야 한다. 소위 문익점 정신이 필요하다.

우리나라가 세계적 유통 판매 기업도 만들어 내야만 한다.

3. 조세형평성과 복지

경제민주화를 위해서는 나눠 먹을 파이를 필요로 하기에 지속 가능한 성장경제를 앞에서 언급했지만, 이미 물질적으로 선진국의 반열에 오른 지금은 그 부의 올바른 분배제도의 확립으로 그 성장의 지속성을 담보해야만 한다. 돈이 돌고 유통되도록 하는 제도가 필요하다.

부자는 돈이 들어가면 안 나와서 부자가 된다고 한다. 그러나 이런 부자는 졸부다. 선한 영향력은 나눔으로 또 다른 부를 창출하는데 있다.

미래학자들은 자본주의 말기적 증상이 만연한 양극화 사회에서의 국가경영전략의 목표는 '사회복지국가'이요, '조세 형평성 확보의 제도 마련'이라고 했다.

무엇이 선진 국가의 진정한 기준인가? 그것은 견고한 복지

제도, 즉 사회적 약자와 낙오자, 굶주린 자와 병자의 수를 줄이는 것, 또한 스스로의 자유의지로 소수가 되고, 스스로를 사회에서 소외시키는 사람들까지 보듬어 안으려 하는 따뜻함이 바로 진정한 선진국의 기준이다.

이를 위해서는 자본과 부동산의 불로소득에 대한 세율을 높여야 한다. 고소득에 대한 세율도 높여야만 한다.
이것이 조세정의이고, 그래야만 복지를 이룰 수 있다. 큰 정부의 기능과 역할이 필요하다. 큰 정부의 운영이 지나치게 큰 경제적 부담이라면, 복지 봉사자를 모집하고, 무상교육을 통한 전문성을 길러서 활용하면 된다.

일하는 사람들이 적당한 부, 선한 영향력을 끼치는 보람과 긍지의 부를 누리며 살고, 행복해하는 그런 사회와 국가를 만들어 내야 한다.
일해서 먹고 살 수 있는 것에 감사할 수 있는 그런 사회, 그런 일을 하는 국가를 만들어야 한다.

사람에게 투자하여, 세상을 변화시킬 일군들을 세계로 수출하는 나라까지도 우리는 꿈꾸어야 한다.

대한민국
제7공화국

CHAPTER 06

사회 구성원의 변화

제6장 | 사회 구성원의 변화

다민족 사회 준비, 노령화와 저출산

1. 다민족 사회의 도래

대한민국 내 외국인 수가 25만, 전 국민의 5%에 육박한다. 분단된 국가, 휴전중인 국가에서 놀라운 숫자이다. 그래서 다문화가족의 수는 직접적으로는 15%, 넓게는 벌써 20%가 넘어서고 있는 실정이다. 이미 다민족 사회와 국가가 된 것이다.

그러나 이에 대한 인식도 교육도 대비도 안 되어 있는 것으로 보인다.

1) 다민족과의 유기체적 화합과 공존

지금 우리는 더 이상 단일민족을 자랑할 때가 아니다. 우리 민족은 문화적 포용력과 계승발전력, 변화력과 적응력이 갑인 민족으로의 속성이 있다. 모방력에 머무르지 않고 창의력 또한 뛰어난 민족인 것이다.

그런데 아직도 폐쇄적인 성향을 드러내는 세력도 상당수 존재하고 있는 것으로도 보여진다. 그것은 바로 인종차별적 태도와 언사 그리고 실질적 대우와 관계에서 드러난다.

인류 역사에 폐쇄적 태도를 취했던 국가는 1세기를 못 넘기고 모두 망했다 한다. 개방성과 포용성으로 다양성을 받아들이는 정신 무장, 마음가짐과 태도 훈련, 이런 다민족 사회교육이 온 국민에 반드시 필요하다.

더욱이 이미 우리나라에 들어와 살고 있는 우리의 이웃과 형제가 된 타민족과의 유기체적 화합과 공존의 도가 선진민주국가를 위해서 절실히 필요하다.

2) 생산성 재화의 주인공으로 다민족

전 국민 중 5%의 우리와 함께 사는 외국인, 저들은 누구인가? 저들은 바로 우리나라의 생산업에 종사하는 바로 그 주인공들이다. 저들에 대한 인식이 중요하다.

선진국의 국민이 된 우리들의 자녀에게 3D업종에서 일하라고 강요하거나 허락할 부모는 없을 것이다. 힘들고, 더럽고, 위험한 일을 다문화권의 외국인 혹은 우리 국민들이 하고 있는 것이다.

지속 가능한 성장경제를 위하여는 생산성 재화를 늘려야만 외부 경기에 흔들리지 않는 경제적 안정성을 기할 수 있는데, 이를 위해 저들의 노동력이 절대적이다.

귀하고 귀한 소중한 분들이다. 따뜻한 한민족의 속성이 지속되어야 한다. 우리 한민족은 그 정체성이 공동체적이기 때문이다.

외세는 배격하지만 외국인은 환영 환대하는 선진시민이 되어야 한다.

사회구성원의 변화를 논하면서 다민족 사회를 언급하였는데, 또한 수도권의 인구 50% 이상의 집중 현상과 특정 지역의 인구 쏠림 현상에 대한 국가적 대책도 필요하다. 그렇지 않으면 국론분열, 국민 분열의 패권이 판치게 된다.

물론, 도시 문화권에서 물질문명의 발전을 역사적으로 인정해야만 하지만, 정치권력의 쏠림과 그로 인한 차별과 소외와 낙후 등의 그 위험성과 폐해도 있는 만큼, 국가의 균형발전 차원에서의 인구집약의 생산성 기업들의 지방 이전이나 유치를 통한 인구 분산 정책 또한 국가 균형 발전을 통한 선진 민주국가를 위해 절대적으로 필요하다.

2. 노인문제와 저출산: 연금개혁과 교육개혁

사회구성원의 변화에서 빼놓을 수 없는 문제가 노령화 인구의 증가와 인구소멸과 국민 삶의 질의 저하를 부르는 저출산의 문제이다.

국가 백년대계와 선진 복지국가의 정체성을 위하여 우리는 지금 노령의 삶에 대한 연구와 대책이 그리고 저출산 문제의 해결이 속히 필요하다.

1) 연금의 안정화와 양로 복지

　노인 자살률 1위 국가에, 노인 빈곤율 1위, 노인 문제에 있어 불명예 2관왕이다. 우리 한민족의 정체성 '공동체성'이 가정에서는 '효'로 나타난다는 나라의 정체성에 비추어 볼 때 이런 노령인구의 모습이 국격에 결코 맞지 않다.

　자녀 된 자들에게 욕된 모습이다.

　부끄럽지 못해 분노한다.

　노령의 삶에 대하여, 우리 부모님에 대하여 이렇게도 관심과 대책이 없어서 되겠는가?

　노인아파트 정책은 어떤가? 이미 선진국에서는 한 집에서 3명씩 생활하도록 한 후에 평균수명이 10년이 더 연장되고, 의료비는 줄었으며, 생활 만족도가 매우 높고 행복하다지 않는가?

　폭발적 노인인구의 증가를 맞이하면서 지방으로의 인구 분산이 불가능한가? 큰 유동 거리 없이 의료 등 모든 게 가능한 '생활실버타운'의 건설로 주택이나 아파트값의 지나친 상승과 투기 성향에 대한 의식 전환의 기회로 만드는 일을 왜 못하는가?

　남북불가침 평화조약 체결과 더불어, 현역 군 복무를 이런 부모를 공경하는 실버타운 건설 기술자로 훈련시켜 봉사 복무케 하는 것과 이로 인해 평생 활용 가능한 기술자로 만드는 일은 정말 안 되는 일인가?

연금개혁이 과연 연금을 줄이는 것으로만 가능한가?

연금의 평준화는 어떤가?

연금의 수익 창출을 위한 원금보장의 안전한 투자 운용은 불가능한가?

국제적 2중 생명보험을 통한 노령의 삶에 대한 국가적 기금 마련은 불가능한가?

2) 교육개혁과 출산 장려

국가소멸의 위기를 부르는 저출산의 원인이 결혼적령기의 젊은이들의 직장 즉, 생활력의 불안이었다. 설사 결혼했다고 하더라도, 보금자리인 집 마련과 유지에 진력하느라 자식을 낳지 않는다. 왜? 그 원인은 자녀 양육비와 교육비가 없기 때문이라 한다. 요즘 젊은이들의 일종의 성향으로만 치부해서는 안 된다는 말이다.

출산 환경 조성이 국가 존폐 위기 극복의 대명제가 된 것이다.

문제 해결로는, 이미 시행하고 있는 저금리 신혼 주택대출만으로는 안된다.

파격적인 모빌홈팍 조성과 주택 공급과 영아 생명보험으로의 교육보험 상품의 출시, 그리고 국가와 지자체의 그 보험에 대한 보장이다.

특히, 생명은 위로부터 온 것, 생명보험으로 그 인생의 출발점을 달리하자는 유대인 누구나가 생명의 탄생과 함께 가입한다는 양아생명보험, 곧 생명보험과 연계된 월 100불로 20년 후 25만 불이 되는 교육보험 상품은 매우 중요한 저출산의 문제를 해결할 국가백년지대계이다.

이것이 실행되면 20년 후, 우리 20살 청년들이 25만 불을 가지고 사회생활을 출발한다면, 이들을 보유한 우리나라의 국가 경쟁력은 얼마나 높아지겠는가?

사교육비 대책은 국가 교육기금으로 저소득층에 집중하여, 교회와 같은 종교기관의 위탁교육지원이나, 국가 교육 공무원의 육성과 사교육 현장에의 투입이다.

특히 예체능계 뿐아니라 국.영.수 등 수능 과목에도 국가 공무원을 교사로 육성하여 교육 실행케 하는 것이다.

아울러, 저출산 문제의 해결의 큰 축은 교육제도의 개선이다. 공립과 사립 공히 등록금을 최대한 낮추고, 직업 창출의 학과를 기업과 연대하여 국가가 장학금과 지원금을 많이 지급하고, K컬쳐, 예체능 계통도 같은 방식으로 적용시키고, 일정 자격을 갖춘 자는 미국 예비군처럼 대체 군복무 자격을 부여하여 교육자로 세우며, 사립 초.중.고등학교나 대학도 비영리 법인으로만 운영 가능케 하여, 모든 잉여금을 사람과 교육에 재투자하도록 법과 제도를 정비하여야 한다.

대학 진학도 수능 평가로 합격의 기준을 삼을 것이 아니다. 사회봉사와 케릭터와 재능을 담은 '포토폴리오'도 중요시해야 한다. 대학의 선택도 사회적으로 명문대학이 아닌 실제 직업군의 전문대학으로 대학의 특수성이 존재케 하여, 전문적 학문이 특성화 되어 발전하는 평생 교육기관으로의 개념을 가진 대학이 될 수 있도록 평생교육 환경 내지 국제 경쟁력 있는 교육생태계 조성에 국가가 나서야 한다.

글로벌 마인드를 가지고...

우리는 노벨평화상은 물론, 이제 K문화의 힘으로 노벨 문학상 수상자를 가진 나라가 아닌가? 국격에 맞는 교육제도와 방법의 변화, 교육생태계의 변화를 온 국민이 힘을 합쳐 도모해야만 한다.

대한민국
제7공화국

CHAPTER
07

한반도 통일

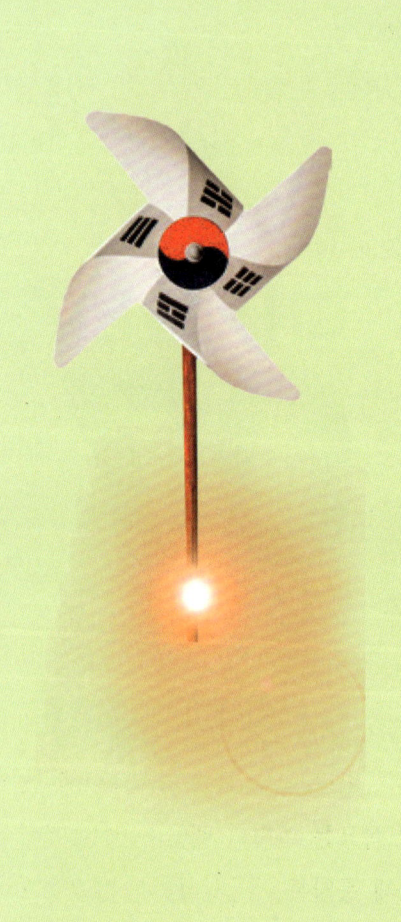

제7장 | 한반도 통일

경제공동체 통일론

　대한민국 제7공화국을 꿈꾸고 설계하면서 특히 정치제도와 경제 제도의 개혁을 부르짖으며, 결코 간과 할 수 없는 종착역으로의 온 국민의 소원은, 꿈에도 소원은 통일한반도이다.
　양원정부통령제의 정치제도는 바로 남북통일을 준비한, 예비 한반도 경영제도인 것이다.

　통일을 논할 때 이념적 정치적 벽이 너무나 크다. 그렇다고 정치적 접근만으로는 더 이상 안된다. 분단을 통해 이익을 취하는 열강들과 국내 정치세력이 존재하기에 더욱 통일을 이루기에는 난망이다.
　그래서 가능한 통일은 '경제공동체' 통일론이다. 결코 기능주의적 통일론으로 정치적 이념적 통일론에 종속된 개념으로 치부하면 안 된다. 전제가 다르다.
　더구나 '경제문제의 중심됨', '경제가 상수다' 라는 정의와 인식은 현 북한의 유학 경험이 있는 지도부 남매의 '국가경영의 최고의 목표는 인민이 배곯지 않는 것이다.'라고 했으니 경제공동체 통일론을 제안하며 통일운동으로 삼아 보자는 것이다.

1) 두 국가 두 체제

한민족 한 국가 통일론의 전제로는 분단 80년의 세월을 넘어설 수 없다. 따라서 경제공동체 통일론은 전제가 두 국가 두 체제의 인정속에서의 경제적 공동체적 민족 상호 교류적 통일론이다. 실질적으로 UN도 인정하는 두 국가 두 체제이다.

종전 선언과 상호 불가침 평화협정의 체결이 선행되면, 너무나 바람직하게 경제공동체 통일이 속이 이루어지겠지만, 실질적으로는 상호 불가침의 외교적 상황이므로 용기를 가지고 시도해 볼 통일전략이라는 생각인 것이다.

2) 남북한 상호시장화 전략과 교류

우선, 남북한 스스로가 상호시장화 전략을 갖는 것이 '경제공동체 통일론' 그 출발이다. 이를 위해서는 제일 먼저 휴전선 비무장지대에 '한겨레 동포 장터'를 제안해서 실행해 보면 어떨까? 라는 생각이다.

이것이 합의되지 않으면, 중국이나 러시아, 일본 등 제3국에 '동포민족장터', 경제특구를 만드는 것이다.

홍콩처럼, 특정 섬에 민족자본 뿐 아니라 세계자본과 기술로 동포장터로 쓸 도시국가를 만드는 것도 가능할 것이다.

이 장터에는 금융, 자원, 제품, 기술, 문화, 예술, 교육 등 모든 분야를 그 거래 품목으로 망라하는 것이 중요하다.

물론, 개성공단 모델의 투자와 생산, 그리고 판매를 협업하는 경제교류도 많으면 많을 수록 좋다. 아울러 북한에서 만든 우리 제품의 세계 판매뿐 아니라 북한 제품의 세계 판매 대행도 할 수 있어야 한다.

또한, 북한이 하고 싶어 하는 중국식 경제개방과 투자유치를 통한 경제성장과 세계의 일원으로의 회복, 이를 통한 민족문화개방도 앞당기는 계기가 되는 동포장터의 비젼인 것이다.

그리고 남북동포장터를 관장하는 '남북동포장관'도 임명하여 그 운영을 책임지도록 하는 것도 바람직할 것이다.

이렇게 해서 얻고자 하는 것은 무엇이겠는가? 단순히 북한을 돕고자 하는 것이 아니다. 남북한의 물건을 통용하다 보면, 동질감이 생길 것이다. '네 물질 있는 곳에 네 마음도 있느니라' 했다. 그리고 상호 투자가 있다 보면, 불가침에 대한 의지가 더욱 커지게 되어 평화로운 관계의 지속성이 증대될 것이다.

3) 통용화폐의 가치와 경제공동체

남북한 통일의 방해물로 지나치게 많은 통일자금을 들었다. 그러나 경제공동체통일론은 그 통일자본을 함께 만들어

간다는 차원에서 매우 바람직한 통일 열망을 온 민족에게 불타게 할 것이다.

남북한의 경제교류에는 공용화폐를 사용토록 하자. 공용화폐를 통한 거래는 남북 모두가 이익을 얻는 길이 될 것이다.
나중에는 화폐통합으로 더더욱 깊은 경제공동체를 이루고, 더 나아가 영원한 부국의 길 기축통화국의 지위까지 꿈을 꾸는 통일 한반도가 되었으면 한다.

대한민국
제7공화국

맺는 글
―――――――――

맺는 글

대한민국 '제7공화국'을 카이로스의 시간에 이룰 수 있기를 염원하면서 그 주장을 다시 요약해보면,

양원정부통령제로의 정치개혁으로 온전한 3권분립의 선진민주국가 토대마련과 선거제도의 개혁, 그리고 검찰개혁은 물론 사법제도 전체의 개혁으로 견제와 균형 그리고 책임정치가 가능한 나라로 가자는 요지이다.

여기에 더하여 경제선진국으로의 면모를 위하여 경제민주화에 더욱 큰 관심과 제도와 체제 수립 등, 온전한 자유시장경제로의 존속을 위한 조세 정의와 부의 개념을 바꿀 부동산에 대한 자세의 전환을 이루어 내자는 것이다.

그리고 국가 구성원의 변화에 관심하여, 다민족 사회에 대한 대비와 저출산이라는 인구소멸과 국가소멸의 위기를 초기에 극복하여야 하는 명제도 교육제도 개혁과 생산성 재화 확보로 가능하게 하자는 것이 제7공화국이다.

안정속에서의 개혁이 가능한 나라가 촛불혁명에서 드러났듯, 우리 한민족의 정체성인 '공동체성'을 십분 발휘하여 다시 한번 인류를 선도할 새로운 나라를 태동시키자.

이제 우리는 새로운 나라를 세우는 위대한 역사를 새롭게 써야만 한다.

피가 아닌 평화롭지만 가열찬 선진 민주국가의 역사를 다 함께 이루어야 한다.

역사는 도전과 응전이라고 했고, 역사는 나선형으로 발전한다는 말도 있다. 그러나 민족의 정체성을 '공동체성'으로 정의한 후, 이 공동체성이 두드러지면 통일 한반도도 이루게 될 것이고, 통일을 이루면, 세계를 영도하는 민족이 될 것이다.라고 한 이유는 개인적 견해인 '선교적 역사관'이다.

선교적 역사관이란?

하나님이 세계역사의 주권자라는 신앙적 고백 위에 '선교 제1국에게 하나님은 세계를 영도할 주권을 허락하신다'는 역사관인 것이다.

로마가 그랬고, 영국이 그랬고, 현재 미국이 선교제1국이며 세계 제1의 선도 국가이다.

한국은 한때 선교 제2국이었지만, 브라질에 그 지위를 빼앗기고, 선교 제3국으로 전락했다. 이유는 교회가 권력을 탐하고, 이념의 우상에 사로잡혀서 주술 신봉자를 지지하는 우상숭배의 죄를 범하고 있어서다. 젊은 세대가 교회를 떠나는 주원인이기도 하다. 쇠락해 가는 교회, 다음 세대 절멸이라는 그 종말을 맞이한 교회의 현실이다.

이런 암담한 교회의 미래에도 불구하고, 선교제1국이 되는 길이 있다.

그것은 바로 남북평화통일이다.

북한으로 나아가 북한 동포 선교와 더불어 중국, 러시아 인도 선교까지, 선교제1국이 될 것이다.

그러면 본질이 공동체적이신 삼위일체 하나님은 세계 영도국의 지위를 우리 한민족에게 부여하시어 당신의 역사를 새롭게 쓰실 것이다.

그러므로 '분리가 죄'라고 말씀하시는 성경에 비추어서 오늘날 한국 교회의 기도는 '남북평화통일' 이어야 한다. 통일을 이루려면 교회는 북한을 어떻게 생각하고 대해야 하겠는가? 반공, 멸공의 이념의 우상에 사로잡힌 모습으로 결코 평화통일을 이룰 수 없다. 기도의 응답, 온 민족의 소원인 통일이라는 응답을 결코 이룰 수 없다. 교회가 오히려 반통일세력이 되는 것이다.

'지나가는 나그네 외투 벗기기'는 폭풍우로는 안 된다. 따뜻한 햇빛으로 가능하다는 이야기는 오히려 사실이고 가장 쉬운 길이다.

노벨평화상의 김대중 대통령이 꿈꾸었던 나라가 여기 '제7공화국'이다. 따뜻한 마음과 생각, 온정적인 태도와 마음이

온 국민에 시급히 필요하다.

작용과 반작용의 과학적, 사회적, 그리고 역사적 현상을 우리가 반복할 수는 없다.
지금 이시대의 리더는 '정반합'의 '합'으로 다시 '정'의 시대를 열어야 한다.

이 책을 읽는 그대! 000, '합'을 움켜쥐고, 개혁으로 진정한 '정'이 되어라!

헌 사

피로 쓴 대한민국의 민주주의 역사이다.

이 책을 새로운 선진 민주국가를 염원하는 제7공화국의 모든 국민에게 바친다.

특히, 제국주의 열강의 시대에 피지배국 국민으로 최초, 독립을 위해 자신을 바친 3.1독립운동 참여자를 포함, 일제에 항거한 모든 영혼들과 그들의 후손들, 그리고 4.19 의거와 5.18민주화운동, 제6공화국을 연 6.10항쟁 역사의 그 주인공들, 그리고 최정점의 부패 권력을 평화적으로 탄핵한 촛불혁명과 제7공화국을 열, 응원봉광장혁명, 빛의 혁명으로 대변되는 대중정당을 지향하여 만들어져 가는 참 리더를 세울, 모든 민주 국민에게 이 책을 바친다.

저자 김재율 박사

대한민국

제7공화국

부록

제7공화국 헌법

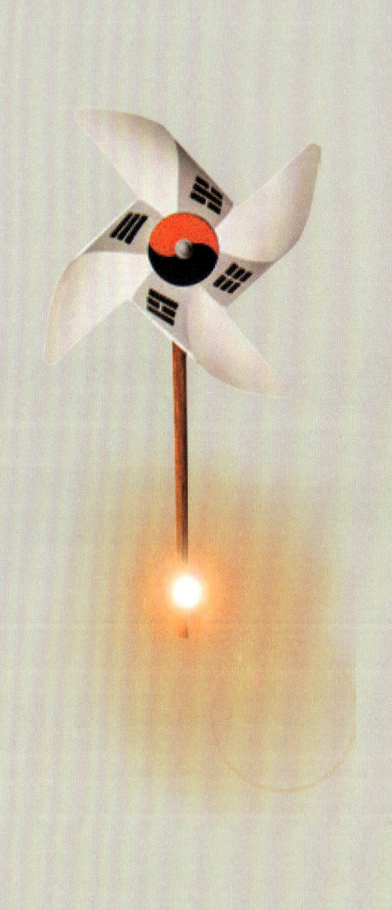

부록: 제7공화국 헌법

전문적인 헌법학자들이나 입법기관의 국회의원 등 정치인들에게 실제적 제7공화국 헌법을 만들도록 하고 여기서는 '제7공화국'의 책 내용이 어느 부분에 해당되는지만 색상있는 글로 표기한다.

대한민국헌법

[시행 1988. 2. 25.] [헌법 제10호, 1987. 10. 29., 전부개정]

전문

유구한 역사와 전통에 빛나는 우리 대한국민은 3.1운동으로 건립된 대한민국임시정부의 법통과 불의에 항거한 4.19의거와 5.18 민주이념을 계승하고, 조국의 민주개혁과 평화적 통일의 사명에 입각하여 정의·인도와 동포애로써 민족의 단결을 공고히 하고, 모든 사회적 폐습과 불의를 타파하며, 자율과 조화를 바탕으로 자유민주적 기본질서를 더욱 확고히 하여 정치·경제·사회·문화의 모든 영역에 있어서 각인의 기회를 균등히 하고, 능력을 최고도로 발휘하게 하며, 자유와 권리에 따르는 책임과 의무를 완수하게 하여, 안으로는 국민생활의 균등한 향상을 기하고 밖으로는 항구적인 세계

평화와 인류공영에 이바지함으로써 우리들과 우리들의 자손의 안전과 자유와 행복을 영원히 확보할 것을 다짐하면서 1948년 7월 12일에 제정되고 8차에 걸쳐 개정된 헌법을 이제 국회의 의결을 거쳐 국민투표에 의하여 개정한다.

1987년 10월 29일

제1장 총강

제1조
① 대한민국은 민주공화국이다.
② 대한민국의 주권은 국민에게 있고, 모든 권력은 국민으로부터 나온다.

제2조
① 대한민국의 국민이 되는 요건은 법률로 정한다.
② 국가는 법률이 정하는 바에 의하여 재외국민을 보호할 의무를 진다.

제3조
대한민국의 영토는 한반도와 그 부속도서로 한다.

제4조
대한민국은 통일을 지향하며, 자유민주적 기본질서에 입각한 평화적 통일정책을 수립하고 이를 추진한다.

경제공동체통일론

제5조
① 대한민국은 국제평화의 유지에 노력하고 침략적 전쟁을 부인

한다.

② 국군은 국가의 안전보장과 국토방위의 신성한 의무를 수행함을 사명으로 하며, 그 정치적 중립성은 준수된다.

제6조

① 헌법에 의하여 체결·공포된 조약과 일반적으로 승인된 국제법규는 국내법과 같은 효력을 가진다.

② 외국인은 국제법과 조약이 정하는 바에 의하여 그 지위가 보장된다.

제7조

① 공무원은 국민전체에 대한 봉사자이며, 국민에 대하여 책임을 진다.

② 공무원의 신분과 정치적 중립성은 법률이 정하는 바에 의하여 보장된다.

제8조

① 정당의 설립은 자유이며, 복수정당제는 보장된다.

② 정당은 그 목적·조직과 활동이 민주적이어야 하며, 국민의 정치적 의사형성에 참여하는데 필요한 조직을 가져야 한다.

③ 정당은 법률이 정하는 바에 의하여 국가의 보호를 받으며, 국가는 법률이 정하는 바에 의하여 정당운영에 필요한 자금을 보조할 수 있다.

④ 정당의 목적이나 활동이 민주적 기본질서에 위배될 때에는 정부는 헌법재판소에 그 해산을 제소할 수 있고, 정당은 헌법재판소의 심판에 의하여 해산된다.

제9조

국가는 전통문화의 계승·발전과 민족문화의 창달에 노력하여야 한다.

제2장 국민의 권리와 의무

제10조

모든 국민은 인간으로서의 존엄과 가치를 가지며, 행복을 추구할 권리를 가진다. 국가는 개인이 가지는 불가침의 기본적 인권을 확인하고 이를 보장할 의무를 진다.

제11조

① 모든 국민은 법 앞에 평등하다. 누구든지 성별·종교 또는 사회적 신분에 의하여 정치적·경제적·사회적·문화적 생활의 모든 영역에 있어서 차별을 받지 아니한다.

② 사회적 특수계급의 제도는 인정되지 아니하며, 어떠한 형태로도 이를 창설할 수 없다.

③ 훈장등의 영전은 이를 받은 자에게만 효력이 있고, 어떠한 특권도 이에 따르지 아니한다.

제12조

① 모든 국민은 신체의 자유를 가진다. 누구든지 법률에 의하지 아니하고는 체포·구속·압수·수색 또는 심문을 받지 아니하며, 법률과 적법한 절차에 의하지 아니하고는 처벌·보안처분 또는 강제노역을 받지 아니한다.

② 모든 국민은 고문을 받지 아니하며, 형사상 자기에게 불리한 진술을 강요당하지 아니한다.

③ 체포·구속·압수 또는 수색을 할 때에는 적법한 절차에 따라 검사의 신청에 의하여 법관이 발부한 영장을 제시하여야 한다. 다만, 현행범인인 경우와 장기 3년 이상의 형에 해당하는 죄를 범하고 도피 또는 증거인멸의 염려가 있을 때에는 사후에 영장을 청구할 수 있다.

④ 누구든지 체포 또는 구속을 당한 때에는 즉시 변호인의 조력을 받을 권리를 가진다. 다만, 형사피고인이 스스로 변호인을 구할 수 없을 때에는 법률이 정하는 바에 의하여 국가가 변호인을 붙인다.

⑤ 누구든지 체포 또는 구속의 이유와 변호인의 조력을 받을 권리가 있음을 고지받지 아니하고는 체포 또는 구속을 당하지 아니한다. 체포 또는 구속을 당한 자의 가족등 법률이 정하는 자에게는 그 이유와 일시·장소가 지체없이 통지되어야 한다.

⑥ 누구든지 체포 또는 구속을 당한 때에는 적부의 심사를 법원에 청구할 권리를 가진다.

⑦ 피고인의 자백이 고문·폭행·협박·구속의 부당한 장기화 또는 기망 기타의 방법에 의하여 자의로 진술된 것이 아니라고 인정될 때 또는 정식재판에 있어서 피고인의 자백이 그에게 불리한 유일한 증거일 때에는 이를 유죄의 증거로 삼거나 이를 이유로 처벌할 수 없다.

제13조

① 모든 국민은 행위시의 법률에 의하여 범죄를 구성하지 아니하는 행위로 소추되지 아니하며, 동일한 범죄에 대하여 거듭 처벌받지 아니한다.

② 모든 국민은 소급입법에 의하여 참정권의 제한을 받거나 재산권을 박탈당하지 아니한다.

③ 모든 국민은 자기의 행위가 아닌 친족의 행위로 인하여 불이익한 처우를 받지 아니한다.

제14조

모든 국민은 거주·이전의 자유를 가진다.

제15조

모든 국민은 직업선택의 자유를 가진다.

제16조

모든 국민은 주거의 자유를 침해받지 아니한다. 주거에 대한 압수나 수색을 할 때에는 검사의 신청에 의하여 법관이 발부한 영장을 제시하여야 한다.

제17조

모든 국민은 사생활의 비밀과 자유를 침해받지 아니한다.

제18조

모든 국민은 통신의 비밀을 침해받지 아니한다.

제19조

모든 국민은 양심의 자유를 가진다.

제20조

① 모든 국민은 종교의 자유를 가진다.

② 국교는 인정되지 아니하며, 종교와 정치는 분리된다.

제21조

① 모든 국민은 언론·출판의 자유와 집회·결사의 자유를 가진다.

② 언론·출판에 대한 허가나 검열과 집회·결사에 대한 허가는 인정되지 아니한다.

③ 통신·방송의 시설기준과 신문의 기능을 보장하기 위하여 필요한 사항은 법률로 정한다.

④ 언론·출판은 타인의 명예나 권리 또는 공중도덕이나 사회윤리를 침해하여서는 아니된다. 언론·출판이 타인의 명예나 권리를 침해한 때에는 피해자는 이에 대한 피해의 배상을 청구할 수 있다.

제22조
① 모든 국민은 학문과 예술의 자유를 가진다.
② 저작자·발명가·과학기술자와 예술가의 권리는 법률로써 보호한다.

제23조
① 모든 국민의 재산권은 보장된다. 그 내용과 한계는 법률로 정한다.
② 재산권의 행사는 공공복리에 적합하도록 하여야 한다.
③ 공공필요에 의한 재산권의 수용·사용 또는 제한 및 그에 대한 보상은 법률로써 하되, 정당한 보상을 지급하여야 한다.

제24조
모든 국민은 법률이 정하는 바에 의하여 선거권을 가진다.

제25조
모든 국민은 법률이 정하는 바에 의하여 공무담임권을 가진다.

제26조
① 모든 국민은 법률이 정하는 바에 의하여 국가기관에 문서로 청원할 권리를 가진다.
② 국가는 청원에 대하여 심사할 의무를 진다.

제27조
① 모든 국민은 헌법과 법률이 정한 법관에 의하여 법률에 의한 재판을 받을 권리를 가진다.
② 군인 또는 군무원이 아닌 국민은 대한민국의 영역 안에서는 중대한 군사상 기밀·초병·초소·유독음식물공급·포로·군용물에 관한 죄중 법률이 정한 경우와 비상계엄이 선포된 경우를 제외하고는 군사법원의 재판을 받지 아니한다.
③ 모든 국민은 신속한 재판을 받을 권리를 가진다. 형사피고인은

상당한 이유가 없는 한 지체없이 공개재판을 받을 권리를 가진다.

④ 형사피고인은 유죄의 판결이 확정될 때까지는 무죄로 추정된다.

⑤ 형사피해자는 법률이 정하는 바에 의하여 당해 사건의 재판절차에서 진술할 수 있다.

제28조

형사피의자 또는 형사피고인으로서 구금되었던 자가 법률이 정하는 불기소처분을 받거나 무죄판결을 받은 때에는 법률이 정하는 바에 의하여 국가에 정당한 보상을 청구할 수 있다.

제29조

① 공무원의 직무상 불법행위로 손해를 받은 국민은 법률이 정하는 바에 의하여 국가 또는 공공단체에 정당한 배상을 청구할 수 있다. 이 경우 공무원 자신의 책임은 면제되지 아니한다.

② 군인·군무원·경찰공무원 기타 법률이 정하는 자가 전투·훈련등 직무집행과 관련하여 받은 손해에 대하여는 법률이 정하는 보상 외에 국가 또는 공공단체에 공무원의 직무상 불법행위로 인한 배상은 청구할 수 없다.

제30조

타인의 범죄행위로 인하여 생명·신체에 대한 피해를 받은 국민은 법률이 정하는 바에 의하여 국가로부터 구조를 받을 수 있다.

제31조

① 모든 국민은 능력에 따라 균등하게 교육을 받을 권리를 가진다.

② 모든 국민은 그 보호하는 자녀에게 적어도 초등교육과 법률이 정하는 교육을 받게 할 의무를 진다.

③ 의무교육은 무상으로 한다.

④ 교육의 자주성·전문성·정치적 중립성 및 대학의 자율성은 법

률이 정하는 바에 의하여 보장된다.
⑤ 국가는 평생교육을 진흥하여야 한다.
⑥ 학교교육 및 평생교육을 포함한 교육제도와 그 운영, 교육재정 및 교원의 지위에 관한 기본적인 사항은 법률로 정한다.

제32조

① 모든 국민은 근로의 권리를 가진다. 국가는 사회적·경제적 방법으로 근로자의 고용의 증진과 적정임금의 보장에 노력하여야 하며, 법률이 정하는 바에 의하여 최저임금제를 시행하여야 한다.
② 모든 국민은 근로의 의무를 진다. 국가는 근로의 의무의 내용과 조건을 민주주의원칙에 따라 법률로 정한다.
③ 근로조건의 기준은 인간의 존엄성을 보장하도록 법률로 정한다.
④ 여자의 근로는 특별한 보호를 받으며, 고용·임금 및 근로조건에 있어서 부당한 차별을 받지 아니한다.
⑤ 연소자의 근로는 특별한 보호를 받는다.
⑥ 국가유공자·상이군경 및 전몰군경의 유가족은 법률이 정하는 바에 의하여 우선적으로 근로의 기회를 부여받는다.

제33조

① 근로자는 근로조건의 향상을 위하여 자주적인 단결권·단체교섭권 및 단체행동권을 가진다.
② 공무원인 근로자는 법률이 정하는 자에 한하여 단결권·단체교섭권 및 단체행동권을 가진다.
③ 법률이 정하는 주요방위산업체에 종사하는 근로자의 단체행동권은 법률이 정하는 바에 의하여 이를 제한하거나 인정하지 아니할 수 있다.

제34조

① 모든 국민은 인간다운 생활을 할 권리를 가진다.

② 국가는 사회보장·사회복지의 증진에 노력할 의무를 진다.

③ 국가는 여자의 복지와 권익의 향상을 위하여 노력하여야 한다.

④ 국가는 노인과 청소년의 복지향상을 위한 정책을 실시할 의무를 진다.

⑤ 신체장애자 및 질병·노령 기타의 사유로 생활능력이 없는 국민은 법률이 정하는 바에 의하여 국가의 보호를 받는다.

⑥ 국가는 재해를 예방하고 그 위험으로부터 국민을 보호하기 위하여 노력하여야 한다.

제35조

① 모든 국민은 건강하고 쾌적한 환경에서 생활할 권리를 가지며, 국가와 국민은 환경보전을 위하여 노력하여야 한다.

② 환경권의 내용과 행사에 관하여는 법률로 정한다.

③ 국가는 주택개발정책등을 통하여 모든 국민이 쾌적한 주거생활을 할 수 있도록 노력하여야 한다.

제36조

① 혼인과 가족생활은 개인의 존엄과 양성의 평등을 기초로 성립되고 유지되어야 하며, 국가는 이를 보장한다.

② 국가는 모성의 보호를 위하여 노력하여야 한다.

③ 모든 국민은 보건에 관하여 국가의 보호를 받는다.

제37조

① 국민의 자유와 권리는 헌법에 열거되지 아니한 이유로 경시되지 아니한다.

② 국민의 모든 자유와 권리는 국가안전보장·질서유지 또는 공공복리를 위하여 필요한 경우에 한하여 법률로써 제한할 수 있

으며, 제한하는 경우에도 자유와 권리의 본질적인 내용을 침해할 수 없다.

제38조

모든 국민은 법률이 정하는 바에 의하여 납세의 의무를 진다.

제39조

① 모든 국민은 법률이 정하는 바에 의하여 국방의 의무를 진다.
② 누구든지 병역의무의 이행으로 인하여 불이익한 처우를 받지 아니한다.

입법부

제3장 국회

제40조

입법권은 국회에 속한다. 입법권은 국회와 대표의회에 속한다.

제1절 국회

제41조

① 국회는 국민의 보통·평등·직접·비밀선거에 의하여 선출된 국회의원으로 구성한다.
② 국회의원의 수는 법률로 정하되, 200인 이상으로 한다. 250인으로 한다. 대표의원은 50인으로 한다.
③ 국회의원의 선거구와 비례대표제 기타 선거에 관한 사항은 법률로 정한다.

선거구는 2-4명의 중대선거구제로 하며, 대표의원은 직능별 전문인 추천으로 비례등가지역균등의 수로 광역별 비례제로 대표의원을 선출한다.

제42조
국회의원의 임기는 4년으로 한다.

제43조
국회의원은 법률이 정하는 직을 겸할 수 없다.

제44조
① 국회의원은 현행범인인 경우를 제외하고는 회기 중 국회의 동의 없이 체포 또는 구금되지 아니한다.
② 국회의원이 회기 전에 체포 또는 구금된 때에는 현행범인이 아닌 한 국회의 요구가 있으면 회기 중 석방된다.

제45조
국회의원은 국회에서 직무상 행한 발언과 표결에 관하여 국회 외에서 책임을 지지 아니한다.

제46조
① 국회의원은 청렴의 의무가 있다.
② 국회의원은 국가이익을 우선하여 양심에 따라 직무를 행한다.
③ 국회의원은 그 지위를 남용하여 국가·공공단체 또는 기업체와의 계약이나 그 처분에 의하여 재산상의 권리·이익 또는 직위를 취득하거나 타인을 위하여 그 취득을 알선할 수 없다.

제47조
① 국회의 정기회는 법률이 정하는 바에 의하여 매년 1회 집회되며, 국회의 임시회는 대통령 또는 국회재적의원 4분의 1 이상의 요구에 의하여 집회된다.
② 정기회의 회기는 100일을, 임시회의 회기는 30일을 초과할 수

없다.
③ 대통령이 임시회의 집회를 요구할 때에는 기간과 집회요구의 이유를 명시하여야 한다.

제48조
국회는 의장 1인과 부의장 2인을 선출한다.

대표의회의 의장은 부통령이 되며, 부의장은 2인을 선출한다.

제49조
국회는 헌법 또는 법률에 특별한 규정이 없는 한 재적의원 과반수의 출석과 출석의원 과반수의 찬성으로 의결한다. 가부동수인 때에는 부결된 것으로 본다.

제50조
① 국회의 회의는 공개한다. 다만, 출석의원 과반수의 찬성이 있거나 의장이 국가의 안전보장을 위하여 필요하다고 인정할 때에는 공개하지 아니할 수 있다.
② 공개하지 아니한 회의내용의 공표에 관하여는 법률이 정하는 바에 의한다.

제51조
국회에 제출된 법률안 기타의 의안은 회기 중에 의결되지 못한 이유로 폐기되지 아니한다. 다만, 국회의원의 임기가 만료된 때에는 그러하지 아니하다.

제52조
국회의원과 정부는 법률안을 제출할 수 있다. 국회의원과 대표의원, 국무총리는 법률안을 제출할 수 있다.

주민발의안은 해당 광역자치의회에서 법률안으로 삼을 수 있다. 대회심의를 거쳐 국무총리가 공포한다.

제53조

① 국회에서 의결된 법률안은 정부에 이송되어 15일 이내에 대통령이 공포한다. 국회와 대표의회에서 의결된 법률안은 대통령실에 이송되어 대통령이 즉시 공포한다.

② 법률안에 이의가 있을 때에는 대통령은 제1항의 기간내에 이의서를 붙여 국회로 환부하고, 그 재의를 요구할 수 있다. 국회의 폐회 중에도 또한 같다. 국회와 대표의회, 양원의 심의와 결의된 법률안은 대통령이 이의를 제기할 수 없다.

③ 대통령은 법률안의 일부에 대하여 또는 법률안을 수정하여 재의를 요구할 수 없다.

④ 재의의 요구가 있을 때에는 국회는 재의에 붙이고, 재적의원 과반수의 출석과 출석의원 3분의 2 이상의 찬성으로 전과 같은 의결을 하면 그 법률안은 법률로서 확정된다.

⑤ 대통령이 제1항의 기간 내에 공포나 재의의 요구를 하지 아니한 때에도 그 법률안은 법률로서 확정된다.

⑥ 대통령은 제4항과 제5항의 규정에 의하여 확정된 법률을 지체없이 공포하여야 한다. 제5항에 의하여 법률이 확정된 후 또는 제4항에 의한 확정법률이 정부에 이송된 후 5일 이내에 대통령이 공포하지 아니할 때에는 국회의장이 이를 공포한다.

⑦ 법률은 특별한 규정이 없는 한 공포한 날로부터 20일을 경과함으로써 효력을 발생한다.

제54조

① 국회는 국가의 예산안을 심의·확정한다.

② 정부는 회계연도마다 예산안을 편성하여 회계연도 개시 90일 전까지 국회에 제출하고, 국회는 회계연도 개시 30일 전까지 이를 의결하여야 한다.

③ 새로운 회계연도가 개시될 때까지 예산안이 의결되지 못한 때에는 정부는 국회에서 예산안이 의결될 때까지 다음의 목적을 위한 경비는 전년도 예산에 준하여 집행할 수 있다.

  1. 헌법이나 법률에 의하여 설치된 기관 또는 시설의 유지·운영

  2. 법률상 지출의무의 이행

  3. 이미 예산으로 승인된 사업의 계속

제55조

① 한 회계연도를 넘어 계속하여 지출할 필요가 있을 때에는 정부는 연한을 정하여 계속비로서 국회의 의결을 얻어야 한다.

② 예비비는 총액으로 국회의 의결을 얻어야 한다. 예비비의 지출은 차기국회의 승인을 얻어야 한다.

제56조

정부는 예산에 변경을 가할 필요가 있을 때에는 추가경정예산안을 편성하여 국회에 제출할 수 있다.

제57조

국회는 정부의 동의 없이 정부가 제출한 지출예산 각항의 금액을 증가하거나 새 비목을 설치할 수 없다.

제58조

국채를 모집하거나 예산 외에 국가의 부담이 될 계약을 체결하려 할 때에는 정부는 미리 국회의 의결을 얻어야 한다.

제59조

조세의 종목과 세율은 법률로 정한다.

제60조

① 국회는 상호원조 또는 안전보장에 관한 조약, 중요한 국제조직에 관한 조약, 우호통상항해조약, 주권의 제약에 관한 조약, 강화조약, 국가나 국민에게 중대한 재정적 부담을 지우는 조약 또는 입법사항에 관한 조약의 체결·비준에 대한 동의권을 가진다.

② 국회는 선전포고, 국군의 외국에의 파견 또는 외국군대의 대한민국 영역 안에서의 주류에 대한 동의권을 가진다.

제61조

① 국회는 국정을 감사하거나 특정한 국정사안에 대하여 조사할 수 있으며, 이에 필요한 서류의 제출 또는 증인의 출석과 증언이나 의견의 진술을 요구할 수 있다.

② 국정감사 및 조사에 관한 절차 기타 필요한 사항은 법률로 정한다.

제62조

① 국무총리·국무위원 또는 정부위원은 국회나 그 위원회에 출석하여 국정처리상황을 보고하거나 의견을 진술하고 질문에 응답할 수 있다.

② 국회나 그 위원회의 요구가 있을 때에는 국무총리·국무위원 또는 정부위원은 출석·답변하여야 하며, 국무총리 또는 국무위원이 출석요구를 받은 때에는 국무위원 또는 정부위원으로 하여금 출석·답변하게 할 수 있다.

제63조

① 국회는 국무총리 또는 국무위원의 해임을 대통령에게 건의할 수 있다. 국회는 국무총리와 외교, 국방, 통일, 법무부를 제외한 국무위원의 임면권을 갖는다.

대표의회는 대통령이 추천한 외교, 국방, 통일, 법무부의 국무위원 임면권을 갖는다.

② 제1항의 해임건의는 국회재적의원 3분의 1 이상의 발의에 의하여 국회재적의원 과반수의 찬성이 있어야 한다.

제64조

① 국회는 법률에 저촉되지 아니하는 범위 안에서 의사와 내부규율에 관한 규칙을 제정할 수 있다.
② 국회는 의원의 자격을 심사하며, 의원을 징계할 수 있다.
③ 의원을 제명하려면 국회재적의원 3분의 2 이상의 찬성이 있어야 한다.
④ 제2항과 제3항의 처분에 대하여는 법원에 제소할 수 없다.

제65조

① 대통령·국무총리·국무위원·행정각부의 장·헌법재판소 재판관·법관·중앙선거관리위원회 위원·감사원장·감사위원 기타 법률이 정한 공무원이 그 직무집행에 있어서 헌법이나 법률을 위배한 때에는 국회는 탄핵의 소추를 의결할 수 있다.
② 제1항의 탄핵소추는 국회재적의원 3분의 1 이상의 발의가 있어야 하며, 그 의결은 국회재적의원 과반수의 찬성이 있어야 한다. 다만, 대통령에 대한 탄핵소추는 국회재적의원 과반수의 발의와 국회재적의원 3분의 2 이상의 찬성이 있어야 한다.
③ 탄핵소추의 의결을 받은 자는 탄핵심판이 있을 때까지 그 권한 행사가 정지된다.
④ 탄핵결정은 공직으로부터 파면함에 그친다. 그러나, 이에 의하여 민사상이나 형사상의 책임이 면제되지는 아니한다.

제2절 대표의회

1. 대표의회는 대표의원 50명으로 구성한다.
2. 대표의회의 의장은 부통령이 맞는다.
3. 대표의원은 각정당이 할수 있는한 직능별전문인, 비례등가지역 균등의 수로 공천하도록하여 광역별비례제로 선출한다.
4. 대표의회는 국회의 입법들과 국무총리법안과 주민발의안도 심의하는 기관이 된다.
5. 주민발의안은 광역자치의회를 거쳐, 대표의회의 심의를 받아 국무총리가 공포한다.
6. 대표의회는 대통령 직속의 국무위원인 외교, 국방, 통일, 법무부의 장관 임면권을 과반수로 갖는다.

국회와 대표의회는 상호 교차 과반 국무위원인준권과 입법 심의권을 갖는다.

행정부

제4장 정부

제1절 대통령

제66조

① 대통령은 국가의 원수이며, 외국에 대하여 국가를 대표한다.
② 대통령은 국가의 독립·영토의 보전·국가의 계속성과 헌법을 수호할 책무를 진다.

③ 대통령은 조국의 평화적 통일을 위한 성실한 의무를 진다.
④ 행정권은 대통령을 수반으로 하는 정부에 속한다.
행정권은 국회에서 선출하는 국무총리가 내치를 맡고, 대통령이 외치와 사법권 독립의 책임적 직무를 분할하여 갖는다. 대통령은 외교, 국방, 통일, 법무부 장관의 추천권을 갖는다.

제67조
① 대통령은 국민의 보통·평등·직접·비밀선거에 의하여 선출한다.
② 제1항의 선거에 있어서 최고득표자가 2인 이상인 때에는 국회의 재적의원 과반수가 출석한 공개회의에서 다수표를 얻은 자를 당선자로 한다.
③ 대통령후보자가 1인일 때에는 그 득표수가 선거권자 총수의 3분의 1 이상이 아니면 대통령으로 당선될 수 없다.
④ 대통령으로 선거될 수 있는 자는 국회의원의 피선거권이 있고 선거일 현재 40세에 달하여야 한다.
⑤ 대통령의 선거에 관한 사항은 법률로 정한다.

제68조
① 대통령의 임기가 만료되는 때에는 임기만료 70일 내지 40일 전에 후임자를 선거한다.
② 대통령이 궐위된 때 또는 대통령 당선자가 사망하거나 판결 기타의 사유로 그 자격을 상실한 때에는 60일 이내에 후임자를 선거한다.

제69조
대통령은 취임에 즈음하여 다음의 선서를 한다.
"나는 헌법을 준수하고 국가를 보위하며 조국의 평화적 통일과 국민의 자유와 복리의 증진 및 민족문화의 창달에 노력하여 대통령으로서의 직책을 성실히 수행할 것을 국민 앞에 엄숙히 선서합니다."

제70조
대통령의 임기는 5년으로 하며, 중임할 수 없다. 대통령의 임기는 4년으로 하며, 제1의 외교관이요, 제1의 세계 세일즈맨으로 1회에 한하여 중임할수 있다.

제71조
대통령이 궐위되거나 사고로 인하여 직무를 수행할 수 없을 때에는 국무총리, 법률이 정한 국무위원의 순서로 그 권한을 대행한다. 대통령의 유고시 함께 런닝메이트로 선출된 부통령이 그 권한을 대행하며, 부통령은 대표의회의 의장이 된다.

제72조
대통령은 필요하다고 인정할 때에는 외교·국방·통일 기타 국가안위에 관한 중요정책을 국민투표에 붙일 수 있다.

제73조
대통령은 조약을 체결·비준하고, 외교사절을 신임·접수 또는 파견하며, 선전포고와 강화를 한다.

제74조
① 대통령은 헌법과 법률이 정하는 바에 의하여 국군을 통수한다.
② 국군의 조직과 편성은 법률로 정한다.

제75조
대통령은 법률에서 구체적으로 범위를 정하여 위임받은 사항과 법률을 집행하기 위하여 필요한 사항에 관하여 대통령령을 발할 수 있다.

제76조
① 대통령은 내우·외환·천재·지변 또는 중대한 재정·경제상의 위기에 있어서 국가의 안전보장 또는 공공의 안녕질서를 유지하

기 위하여 긴급한 조치가 필요하고 국회의 집회를 기다릴 여유가 없을 때에 한하여 최소한으로 필요한 재정·경제상의 처분을 하거나 이에 관하여 법률의 효력을 가지는 명령을 발할 수 있다.

② 대통령은 국가의 안위에 관계되는 중대한 교전상태에 있어서 국가를 보위하기 위하여 긴급한 조치가 필요하고 국회의 집회가 불가능한 때에 한하여 법률의 효력을 가지는 명령을 발할 수 있다.

③ 대통령은 제1항과 제2항의 처분 또는 명령을 한 때에는 지체없이 국회에 보고하여 그 승인을 얻어야 한다.

④ 제3항의 승인을 얻지 못한 때에는 그 처분 또는 명령은 그때부터 효력을 상실한다. 이 경우 그 명령에 의하여 개정 또는 폐지되었던 법률은 그 명령이 승인을 얻지 못한 때부터 당연히 효력을 회복한다.

⑤ 대통령은 제3항과 제4항의 사유를 지체없이 공포하여야 한다.

제77조

① 대통령은 전시·사변 또는 이에 준하는 국가비상사태에 있어서 병력으로써 군사상의 필요에 응하거나 공공의 안녕질서를 유지할 필요가 있을 때에는 법률이 정하는 바에 의하여 계엄을 선포할 수 있다.

② 계엄은 비상계엄과 경비계엄으로 한다.

③ 비상계엄이 선포된 때에는 법률이 정하는 바에 의하여 영장제도, 언론·출판·집회·결사의 자유, 정부나 법원의 권한에 관하여 특별한 조치를 할 수 있다.

④ 계엄을 선포한 때에는 대통령은 지체없이 국회에 통고하여야 한다.

⑤ 국회가 재적의원 과반수의 찬성으로 계엄의 해제를 요구한 때에

는 대통령은 이를 해제하여야 한다.

제78조

대통령은 헌법과 법률이 정하는 바에 의하여 공무원을 임면한다.

제79조

① 대통령은 법률이 정하는 바에 의하여 사면·감형 또는 복권을 명할 수 있다.

② 일반사면을 명하려면 국회의 동의를 얻어야 한다.

③ 사면·감형 및 복권에 관한 사항은 법률로 정한다.

제80조

대통령은 법률이 정하는 바에 의하여 훈장 기타의 영전을 수여한다.

제81조

대통령은 국회에 출석하여 발언하거나 서한으로 의견을 표시할 수 있다.

제82조

대통령의 국법상 행위는 문서로써 하며, 이 문서에는 국무총리와 관계 국무위원이 부서한다. 군사에 관한 것도 또한 같다.

제83조

대통령은 국무총리·국무위원·행정각부의 장 기타 법률이 정하는 공사의 직을 겸할 수 없다.

제84조

대통령은 내란 또는 외환의 죄를 범한 경우를 제외하고는 재직 중 형사상의 소추를 받지 아니한다.

제85조

전직대통령의 신분과 예우에 관하여는 법률로 정한다.

제2절 행정부
제1관 국무총리와 국무위원

제86조

① 국무총리는 국회의 동의를 얻어 대통령이 임명한다. 국무총리는 국회에서 과반의 수로 선출한다.

② 국무총리는 대통령을 보좌하며, 행정에 관하여 대통령의 명을 받아 행정각부를 통할한다. 국무총리는 행정각부 국무위원을 통할하여, 국가균형발전과 법치민주선진국가 확립의 행정적 내치의 최종책임자가 된다. 그 임기는 4년이나 책임총리로서 그 임기가 단축될 수 있으며, 중임도 가능하다.

③ 군인은 현역을 면한 후가 아니면 국무총리로 임명될 수 없다.

제87조

① 국무위원은 국무총리의 제청으로 대통령이 임명한다. 국무위원은 국무총리의 추천으로 국회와 대표의회에서 임면한다. 국무위원의 임기는 기본적으로 4년이나 해임은 국무총리의 직권으로 하고, 임명은 국회와 대표의회의 임명권을 거쳐야 한다.

② 국무위원은 국정에 관하여 대통령을 보좌하며, 국무회의의 구성원으로서 국정을 심의한다.

③ 국무총리는 국무위원의 해임을 대통령에게 건의할 수 있다.

④ 군인은 현역을 면한 후가 아니면 국무위원으로 임명될 수 없다.

제2관 국무회의

제88조

① 국무회의는 정부의 권한에 속하는 중요한 정책을 심의한다.

② 국무회의는 대통령·국무총리와 15인 이상 30인 이하의 국무위원으로 구성한다.

③ 대통령은 국무회의의 의장이 되고, 국무총리는 부의장이 된다.

제89조

다음 사항은 국무회의의 심의를 거쳐야 한다.

1. 국정의 기본계획과 정부의 일반정책
2. 선전·강화 기타 중요한 대외정책
3. 헌법개정안·국민투표안·조약안·법률안 및 대통령령안
4. 예산안·결산·국유재산처분의 기본계획·국가의 부담이 될 계약 기타 재정에 관한 중요사항
5. 대통령의 긴급명령·긴급재정경제처분 및 명령 또는 계엄과 그 해제
6. 군사에 관한 중요사항
7. 국회의 임시회 집회의 요구
8. 영전수여
9. 사면·감형과 복권
10. 행정각부간의 권한의 획정
11. 정부 안의 권한의 위임 또는 배정에 관한 기본계획
12. 국정처리상황의 평가·분석
13. 행정각부의 중요한 정책의 수립과 조정
14. 정당해산의 제소
15. 정부에 제출 또는 회부된 정부의 정책에 관계되는 청원의 심사
16. 검찰총장·합동참모의장·각군참모총장·국립대학교총장·대사 기타 법률이 정한 공무원과 국영기업체관리자의 임명
17. 기타 대통령·국무총리 또는 국무위원이 제출한 사항

제90조

① 국정의 중요한 사항에 관한 대통령의 자문에 응하기 위하여 국가원로로 구성되는 국가원로자문회의를 둘 수 있다.

② 국가원로자문회의의 의장은 직전대통령이 된다. 다만, 직전대통령이 없을 때에는 대통령이 지명한다.
③ 국가원로자문회의의 조직·직무범위 기타 필요한 사항은 법률로 정한다.

제91조

① 국가안전보장에 관련되는 대외정책·군사정책과 국내정책의 수립에 관하여 국무회의의 심의에 앞서 대통령의 자문에 응하기 위하여 국가안전보장회의를 둔다.
② 국가안전보장회의는 대통령이 주재한다.
③ 국가안전보장회의의 조직·직무범위 기타 필요한 사항은 법률로 정한다.

제92조

① 평화통일정책의 수립에 관한 대통령의 자문에 응하기 위하여 민주평화통일자문회의를 둘 수 있다.
② 민주평화통일자문회의의 조직·직무범위 기타 필요한 사항은 법률로 정한다.

제93조

① 국민경제의 발전을 위한 중요정책의 수립에 관하여 대통령의 자문에 응하기 위하여 국민경제자문회의를 둘 수 있다.
② 국민경제자문회의의 조직·직무범위 기타 필요한 사항은 법률로 정한다.

제3관 행정각부

제94조

행정각부의 장은 국무위원 중에서 국무총리의 제청으로 대통령이 임명한다.

제95조
국무총리 또는 행정각부의 장은 소관사무에 관하여 법률이나 대통령령의 위임 또는 직권으로 총리령 또는 부령을 발할 수 있다.
제96조
행정각부의 설치·조직과 직무범위는 법률로 정한다.

제4관 감사원
제97조
국가의 세입·세출의 결산, 국가 및 법률이 정한 단체의 회계검사와 행정기관 및 공무원의 직무에 관한 감찰을 하기 위하여 대통령 소속하에 감사원을 둔다.
제98조
① 감사원은 원장을 포함한 5인 이상 11인 이하의 감사위원으로 구성한다.
② 원장은 국회의 동의를 얻어 대통령이 임명하고, 그 임기는 4년으로 하며, 1차에 한하여 중임할 수 있다.
③ 감사위원은 원장의 제청으로 대통령이 임명하고, 그 임기는 4년으로 하며, 1차에 한하여 중임할 수 있다.
제99조
감사원은 세입·세출의 결산을 매년 검사하여 대통령과 차년도국회에 그 결과를 보고하여야 한다.
제100조
감사원의 조직·직무범위·감사위원의 자격·감사대상공무원의 범위 기타 필요한 사항은 법률로 정한다.

사법부

제5장 법원

제1절 대법원

제101조

① 사법권은 법관으로 구성된 법원에 속한다.

② 법원은 최고법원인 대법원과 각급법원으로 조직된다.

③ 법관의 자격은 법률로 정한다.

제102조

① 대법원에 부를 둘 수 있다.

② 대법원에 대법관을 둔다. 다만, 법률이 정하는 바에 의하여 대법관이 아닌 법관을 둘 수 있다.

③ 대법원과 각급법원의 조직은 법률로 정한다.

제103조

법관은 헌법과 법률에 의하여 그 양심에 따라 독립하여 심판한다.

제104조

① 대법원장은 국회의 동의를 얻어 대통령이 임명한다.

② 대법관은 대법원장의 제청으로 국회의 동의를 얻어 대통령이 임명한다.

③ 대법원장과 대법관이 아닌 법관은 대법관회의의 동의를 얻어 대법원장이 임명한다.

제105조

① 대법원장의 임기는 6년으로 하며, 중임할 수 없다.

② 대법관의 임기는 6년으로 하며, 법률이 정하는 바에 의하여 연임할 수 있다.

③ 대법원장과 대법관이 아닌 법관의 임기는 10년으로 하며, 법률이 정하는 바에 의하여 연임할 수 있다.
④ 법관의 정년은 법률로 정한다.

제106조
① 법관은 탄핵 또는 금고 이상의 형의 선고에 의하지 아니하고는 파면되지 아니하며, 징계처분에 의하지 아니하고는 정직·감봉 기타 불리한 처분을 받지 아니한다.
② 법관이 중대한 심신상의 장해로 직무를 수행할 수 없을 때에는 법률이 정하는 바에 의하여 퇴직하게 할 수 있다.

제107조
① 법률이 헌법에 위반되는 여부가 재판의 전제가 된 경우에는 법원은 헌법재판소에 제청하여 그 심판에 의하여 재판한다.
② 명령·규칙 또는 처분이 헌법이나 법률에 위반되는 여부가 재판의 전제가 된 경우에는 대법원은 이를 최종적으로 심사할 권한을 가진다.
③ 재판의 전심절차로서 행정심판을 할 수 있다. 행정심판의 절차는 법률로 정하되, 사법절차가 준용되어야 한다.

제108조
대법원은 법률에 저촉되지 아니하는 범위 안에서 소송에 관한 절차, 법원의 내부규율과 사무처리에 관한 규칙을 제정할 수 있다.

제109조
재판의 심리와 판결은 공개한다. 다만, 심리는 국가의 안전보장 또는 안녕질서를 방해하거나 선량한 풍속을 해할 염려가 있을 때에는 법원의 결정으로 공개하지 아니할 수 있다.

대법원은 기소권, 공소권을 가진 검찰과 협력하고, 법무부장관과 함께 법치국가의 위상을 위하여 만인에 공평정대한 법집행을 책임진다.

검찰청은 국가검찰청과 지방검찰청으로 구성하고 필요시 한 사건에 두 기관의 검찰기속권이 가능하게 하여 그 권한이 상호 견제가 가능하게 한다.

검찰총장은 임기 2년으로 중임가능하게 하며, 국민이 직선케하여 대통령이 그 임명장을 수여하여 그 직무를 수행케하며, 법무부 장관의 지휘를 받으며, 국회와 대표의회의 2/3으로 탄핵할 수 있다.

모든 판사는 사법고시를 통과하고, 계속하여 법률관계의 일을 10년 이상 행한 40세 이상으로 관련 전문법률에 관한 실력평가와 판사권 심의, 그리고 판사연수원을 거친 자로 대법원장이 임명하고, 법률이 정한, 행정부와 입법부의 탄핵권을 따른다.

제110조
① 군사재판을 관할하기 위하여 특별법원으로서 군사법원을 둘 수 있다.
② 군사법원의 상고심은 대법원에서 관할한다.
③ 군사법원의 조직·권한 및 재판관의 자격은 법률로 정한다.
④ 비상계엄하의 군사재판은 군인·군무원의 범죄나 군사에 관한 간첩죄의 경우와 초병·초소·유독음식물공급·포로에 관한 죄 중 법률이 정한 경우에 한하여 단심으로 할 수 있다. 다만, 사형을 선고한 경우에는 그러하지 아니하다.

제2절 국가수사원

1. 국가수사원은 경찰과 함께 범죄수사를 전담 총괄하고 법치의 최일선을 맞는다.
2. 국수원장은 총리와 대통령의 합의 추천으로 국회와 대표의회에서 과반으로 선출한다.
3. 국수원장의 임기는 4년으로 하고 중임할 수 있다.
4. 경찰청은 국가경찰청과 지방경찰청으로 구성하고, 법무부장관의 지휘를 받으며, 국수원장의 지휘에 따라, 필요시 한 사건에 두 경찰청의 조사권이 가능하게 하여 그 권한이 상호 견제가 가능하도록 한다.
5. 경찰총장과 지방경찰총장은 2년 임기의 국민직선으로 선출하고 행안부장관의 지휘를 받으며, 국무총리로부터 임명장을 수여토록 한다. 경찰총장은 국회와 대표의회의 2/3으로 그 직을 탄핵할 수 있다. 탄핵 절차에는 국무총리의 동의가 필요하다.

제3절 헌법재판소
제6장 헌법재판소

제111조

① 헌법재판소는 다음 사항을 관장한다.
　1. 법원의 제청에 의한 법률의 위헌여부 심판
　2. 탄핵의 심판
　3. 정당의 해산 심판
　4. 국가기관 상호간, 국가기관과 지방자치단체간 및 지방자치단체 상호간의 권한쟁의에 관한 심판
　5. 법률이 정하는 헌법소원에 관한 심판

② 헌법재판소는 법관의 자격을 가진 9인의 재판관으로 구성하며, 재판관은 대통령이 임명한다.
③ 제2항의 재판관중 3인은 국회에서 선출하는 자를, 3인은 대법원장이 지명하는 자를 임명한다.
④ 헌법재판소의 장은 국회의 동의를 얻어 재판관 중에서 대통령이 임명한다.

제112조
① 헌법재판소 재판관의 임기는 6년으로 하며, 법률이 정하는 바에 의하여 연임할 수 있다.
② 헌법재판소 재판관은 정당에 가입하거나 정치에 관여할 수 없다.
③ 헌법재판소 재판관은 탄핵 또는 금고 이상의 형의 선고에 의하지 아니하고는 파면되지 아니한다.

제113조
① 헌법재판소에서 법률의 위헌결정, 탄핵의 결정, 정당해산의 결정 또는 헌법소원에 관한 인용결정을 할 때에는 재판관 6인 이상의 찬성이 있어야 한다.
② 헌법재판소는 법률에 저촉되지 아니하는 범위 안에서 심판에 관한 절차, 내부규율과 사무처리에 관한 규칙을 제정할 수 있다.
③ 헌법재판소의 조직과 운영 기타 필요한 사항은 법률로 정한다.

제7장 선거관리

온전한 3권분립의 양원정부통령제의 실현을 위해서는 다당제를 가능하게 하는 중대선거구제를 실행한다. 인구수에 따라 한 지역구에 2-4명의 국회의원을 뽑도록하고, 1정당 1인 후보추천을 원칙으로 하여, 당선 후 정당을 바꾸거나 무소속이 정당에 가입하게되면 자동으로 의원직을 상실케하고, 차점자가 그 직을 승계하게 한다. 선거법위반으로 그 직을 잃을 경우에도 차점자 승계원칙을 가져야 한다.

선거시기는 지자체장 및 지방의회원 선출과 국회의원과 대표의원 및 대통령 선출을 2년 간격으로 행하여 중간평가의 기능을 가질 수 있도록하여 책임정치를 구현하고, 정기적 선거로 인하여 선거비용의 절감과 사회 안정성을 확립하여야 한다.

제114조

① 선거와 국민투표의 공정한 관리 및 정당에 관한 사무를 처리하기 위하여 선거관리위원회를 둔다.
② 중앙선거관리위원회는 대통령이 임명하는 3인, 국회에서 선출하는 3인과 대법원장이 지명하는 3인의 위원으로 구성한다. 위원장은 위원 중에서 호선한다.
③ 위원의 임기는 6년으로 한다.
④ 위원은 정당에 가입하거나 정치에 관여할 수 없다.
⑤ 위원은 탄핵 또는 금고 이상의 형의 선고에 의하지 아니하고는 파면되지 아니한다.
⑥ 중앙선거관리위원회는 법령의 범위 안에서 선거관리·국민투표관리 또는 정당사무에 관한 규칙을 제정할 수 있으며, 법률에 저촉되지 아니하는 범위 안에서 내부규율에 관한 규칙을 제정할 수 있다.
⑦ 각급 선거관리위원회의 조직·직무범위 기타 필요한 사항은 법률로 정한다.

제115조

① 각급 선거관리위원회는 선거인명부의 작성 등 선거사무와 국민

투표사무에 관하여 관계 행정기관에 필요한 지시를 할 수 있다.
② 제1항의 지시를 받은 당해 행정기관은 이에 응하여야 한다.

제116조
① 선거운동은 각급 선거관리위원회의 관리하에 법률이 정하는 범위 안에서 하되, 균등한 기회가 보장되어야 한다.
② 선거에 관한 경비는 법률이 정하는 경우를 제외하고는 정당 또는 후보자에게 부담시킬 수 없다.

제8장 지방자치

제117조
① 지방자치단체는 주민의 복리에 관한 사무를 처리하고 재산을 관리하며, 법령의 범위 안에서 자치에 관한 규정을 제정할 수 있다.
② 지방자치단체의 종류는 법률로 정한다.

제118조
① 지방자치단체에 의회를 둔다.
② 지방의회의 조직·권한·의원선거와 지방자치단체의 장의 선임방법 기타 지방자치단체의 조직과 운영에 관한 사항은 법률로 정한다.

제9장 경제 생산성 재화 보유국

제119조
① 대한민국의 경제질서는 개인과 기업의 경제상의 자유와 창의를 존중함을 기본으로 한다.
② 국가는 균형있는 국민경제의 성장 및 안정과 적정한 소득의 분

배를 유지하고, 시장의 지배와 경제력의 남용을 방지하며, 경제주체간의 조화를 통한 경제의 민주화를 위하여 경제에 관한 규제와 조정을 할 수 있다.

제120조

① 광물 기타 중요한 지하자원·수산자원·수력과 경제상 이용할 수 있는 자연력은 법률이 정하는 바에 의하여 일정한 기간 그 채취·개발 또는 이용을 특허할 수 있다.

② 국토와 자원은 국가의 보호를 받으며, 국가는 그 균형있는 개발과 이용을 위하여 필요한 계획을 수립한다.

제121조

① 국가는 농지에 관하여 경자유전의 원칙이 달성될 수 있도록 노력하여야 하며, 농지의 소작제도는 금지된다.

② 농업생산성의 제고와 농지의 합리적인 이용을 위하거나 불가피한 사정으로 발생하는 농지의 임대차와 위탁경영은 법률이 정하는 바에 의하여 인정된다.

제122조

국가는 국민 모두의 생산 및 생활의 기반이 되는 국토의 효율적이고 균형있는 이용·개발과 보전을 위하여 법률이 정하는 바에 의하여 그에 관한 필요한 제한과 의무를 과할 수 있다.

제123조

① 국가는 농업 및 어업을 보호·육성하기 위하여 농·어촌종합개발과 그 지원등 필요한 계획을 수립·시행하여야 한다.

② 국가는 지역간의 균형있는 발전을 위하여 지역경제를 육성할 의무를 진다.

③ 국가는 중소기업을 보호·육성하여야 한다.

④ 국가는 농수산물의 수급균형과 유통구조의 개선에 노력하여 가

격안정을 도모함으로써 농·어민의 이익을 보호한다.
⑤ 국가는 농·어민과 중소기업의 자조조직을 육성하여야 하며, 그 자율적 활동과 발전을 보장한다.

제124조

국가는 건전한 소비행위를 계도하고 생산품의 품질향상을 촉구하기 위한 소비자보호운동을 법률이 정하는 바에 의하여 보장한다.

제125조

국가는 대외무역을 육성하며, 이를 규제·조정할 수 있다.

제126조

국방상 또는 국민경제상 긴절한 필요로 인하여 법률이 정하는 경우를 제외하고는, 사영기업을 국유 또는 공유로 이전하거나 그 경영을 통제 또는 관리할 수 없다.

제127조

① 국가는 과학기술의 혁신과 정보 및 인력의 개발을 통하여 국민경제의 발전에 노력하여야 한다.
② 국가는 국가표준제도를 확립한다.
③ 대통령은 제1항의 목적을 달성하기 위하여 필요한 자문기구를 둘 수 있다.

조세형평성과 복지, 노령화와 저출산 대책

제10장 헌법개정

제128조

① 헌법개정은 국회재적의원 과반수 또는 대통령의 발의로 제안된다.

② 대통령의 임기연장 또는 중임변경을 위한 헌법개정은 그 헌법개정 제안 당시의 대통령에 대하여는 효력이 없다.

제129조

제안된 헌법개정안은 대통령이 20일 이상의 기간 이를 공고하여야 한다.

제130조

① 국회는 헌법개정안이 공고된 날로부터 60일 이내에 의결하여야 하며, 국회의 의결은 재적의원 3분의 2 이상의 찬성을 얻어야 한다.

② 헌법개정안은 국회가 의결한 후 30일 이내에 국민투표에 붙여 국회의원선거권자 과반수의 투표와 투표자 과반수의 찬성을 얻어야 한다.

③ 헌법개정안이 제2항의 찬성을 얻은 때에는 헌법개정은 확정되며, 대통령은 즉시 이를 공포하여야 한다.

부칙 〈제10호, 1987. 10. 29.〉

제1조

이 헌법은 1988년 2월 25일부터 시행한다. 다만, 이 헌법을 시행하기 위하여 필요한 법률의 제정·개정과 이 헌법에 의한 대통령 및 국회의원의 선거 기타 이 헌법시행에 관한 준비는 이 헌법시행 전에 할 수 있다.

제2조

① 이 헌법에 의한 최초의 대통령선거는 이 헌법시행일 40일 전까지 실시한다.

② 이 헌법에 의한 최초의 대통령의 임기는 이 헌법시행일로부터 개시한다.

제3조

① 이 헌법에 의한 최초의 국회의원선거는 이 헌법공포일로부터 6월 이내에 실시하며, 이 헌법에 의하여 선출된 최초의 국회의원의 임기는 국회의원선거후 이 헌법에 의한 국회의 최초의 집회일로부터 개시한다.

② 이 헌법공포 당시의 국회의원의 임기는 제1항에 의한 국회의 최초의 집회일 전일까지로 한다.

제4조

① 이 헌법시행 당시의 공무원과 정부가 임명한 기업체의 임원은 이 헌법에 의하여 임명된 것으로 본다. 다만, 이 헌법에 의하여 선임방법이나 임명권자가 변경된 공무원과 대법원장 및 감사원장은 이 헌법에 의하여 후임자가 선임될 때까지 그 직무를 행하며, 이 경우 전임자인 공무원의 임기는 후임자가 선임되는 전일까지로 한다.

② 이 헌법시행 당시의 대법원장과 대법원판사가 아닌 법관은 제1항 단서의 규정에 불구하고 이 헌법에 의하여 임명된 것으로 본다.

③ 이 헌법 중 공무원의 임기 또는 중임제한에 관한 규정은 이 헌법에 의하여 그 공무원이 최초로 선출 또는 임명된 때로부터 적용한다.

제5조

이 헌법시행 당시의 법령과 조약은 이 헌법에 위배되지 아니하는 한 그 효력을 지속한다.

제6조

이 헌법시행 당시에 이 헌법에 의하여 새로 설치될 기관의 권한에 속하는 직무를 행하고 있는 기관은 이 헌법에 의하여 새로운 기관이 설치될 때까지 존속하며 그 직무를 행한다.

저자 _ **김재율 목사**

Berkeley School of Theology 목회학 박사(D.Min)
Emmanuel University 기독교상담학 박사(Ph.D)
San Francisco Theological Seminary 교역학 석사(M.Div)
호남신학대학

미국장로교 나성소망교회 담임
남가주기독교교회협의회 증경회장
세계선교사연합회 총재
Galilee School of Theology 총장
이민사회 변화 연구소 소장
Emmanuel University 이사장
School on a Disc. 대학설립인가 전문 교육컨설팅사 대표
3.1운동 UN/유네스코 세계기록유산등재기념재단 미국남가주지부장
UN 미래포럼 대표

저서
"당신은 귀한 그릇입니다."
"라쥐포울 소나무의 꿈"(라디오서울AM1650, 밝은사회켐페인 모음집)
"돈을 부리는 복음"

대한민국 제7공화국

발행일	2025년 4월 24일
지은이	김재율
펴낸곳	도서출판 길과생명
등록번호	제202-000057호
주 소	고양시 덕양구 충장로 118-30. 224-305(샘터2단지.행신동)
전 화	010-4389-1600
디자인 및 인쇄	보림인쇄사
ISBN	979-11-979881-1-0 (03340)
정 가	10,000원

이 책의 저작권은 〈도서출판 길과생명〉에 있습니다.
무단전제와 복제를 금합니다.